Marie-Aude Murail

# Maïté Coiffure

Texte présenté et annoté
par
Helga Zoch

Ernst Klett Sprachen
Stuttgart

1. Auflage    1    6 5 4 | 2015  14  13

Redaktion: Sylvie Cloeren
Layoutkonzeption: Elmar Feuerbach
Gestaltung und Satz: Satzkasten, Stuttgart
Umschlaggestaltung: Elmar Feuerbach
Titelbild: Alamy Images / Martin Phelps
Druck und Bindung: Medienhaus Plump GmbH, Rolandsecker Weg 33, 53619 Rheinbreitbach
Printed in Germany

ISBN 978-3-12-592051-4

# Table des matières

# Introduction

## 1. L'auteur

Marie-Aude Murail est née au Havre, le 6 mai 1954.

Elle aime déjà très jeune la littérature, elle fait ses études de lettres et elle a son doctorat. En 1986, grâce aux éditions Bayard, elle commence à écrire pour la jeunesse aux éditions Bayard. En 1987, *Mystère* est publié aux éditions Gallimard. À partir de 1988, ces textes sont publiés à l'École des Loisirs.

Mariée, mère de trois enfants et grand-mère, Marie-Aude Murail écrit des histoires pour enfants. Depuis plus de vingt ans, elle a publié plus de soixante-dix titres. Ses livres ont reçu des dizaines de prix, ils sont étudiés en classe et ils sont dans toutes les bibliothèques.

## 2. Le roman

Louis Feyrières doit faire un stage d'une semaine, comme tous les élèves de troisième. Où ? Il n'en sait rien. Ce qui est sûr, c'est qu'il n'aime pas l'école et qu'il ne se sent bon à rien.

« J'ai ma coiffeuse qui prend des apprentis, dit Bonne-Maman, lors d'un repas de famille. Stagiaire, c'est presque pareil. »

Coiffeur ? C'est pour les ratés, les analphabètes, dit M. Feyrières qui, lui, est chirurgien. Louis ne dit rien. Souvent. Mais il observe. Tout le temps. Comme il n'a rien trouvé d'autre, il entre comme stagiaire chez Maïté Coiffure. Et le voilà qui se découvre ponctuel, travailleur, entreprenant, doué !

L'atmosphère joyeuse, les conversations avec les clientes, toutes les odeurs, le carillon de la porte, les petites inquiétudes et les grands drames de Mme Maïté, Fifi, Clara et Garance, tout l'attire au salon. Il s'y sent bien, chez lui.

À partir du deuxième jour, Louis sait qu'il aura envie de rester plus d'une semaine chez Maïté Coiffure. Même si son père s'y oppose.

Un roman très vivant sur la motivation à l'école et au travail, sur la difficulté de faire ses choix quand les parents prennent trop de place. L'histoire, optimiste et touchante, met les différences en valeur et détruit quelques préjugés.

Le roman propose un réel message pour tous les adolescents : « *La vie, c'est pas que des coups, c'est des rêves et des désirs, des passions, des vocations* ». L'auteur appelle aussi les adultes à mieux écouter « *ces enfants qui sont intelligents autrement... Les intelligences sont diverses, sociale, manuelle, artistique...* ». Gagner une vie avec ses mains n'est pas quelque chose de mauvais : « *un chirurgien, c'est un travailleur manuel, et un sculpteur et un dentiste, avec quoi ils travaillent ?* »

### 3. Comment préparer votre lecture ?

– Lisez les conseils pages 10 à 12 pour comprendre plus facilement le vocabulaire.
– Lisez le vocabulaire thématique autour du monde de la coiffure, pages 13 à 17. Il contient une grande partie du vocabulaire inconnu. Ces mots et expressions sont marqués d'une étoile * dans le texte.
– Nous avons gardé les formes du passé simple dans le texte. Le passé simple est le temps qu'on utilise dans les romans au lieu du passé

composé qui est utilisé dans la langue parlée. Pour vous aider à comprendre ces verbes, nous les avons repris dans un tableau, page 171. Mais pour travailler sur le texte, pour répondre aux questions page 165, vous pouvez utiliser le passé composé.

– Quand vous avez lu un chapitre, notez les éléments importants de l'histoire. Vous trouverez des informations sur le compte rendu de lecture pages 163 et 164.

# Pour comprendre le vocabulaire

Si vous avez envie de lire un texte avec plaisir, lisez attentivement les lignes suivantes.

### 1. La famille du mot

Pour trouver le sens d'un mot, essayez de déterminer sa *famille,* c'est-à-dire sa racine.

– « invention » (p. 20) :
vous connaissez le verbe *inventer.* Les terminaisons *-ion* , *-ition* et *-ation* indiquent qu'il s'agit d'un nom.

– « aimablement » (p. 12) :
*aimer → aimable* : la terminaison *-able* sert à former un adjectif à partir d'un verbe ; le sens de la terminaison *-able* : *-bar, -wert, -würdig.* Donc ici : liebenswürdig

– « une vue imprenable » (p. 33) :
le préfixe *im-* signifie le contraire. *im- + prendre + -able* = nicht nehmbar, donc : frei, ungehindert

– « cet interrogatoire » (p. 33) :
*interroger* = poser des questions. Donc *une interrogation, un interrogatoire* = Befragung, Abfragen, Verhör

– « trois femmes… feuilletant la press people » (p. 22) :
on forme souvent un verbe en *-er* à partir d'un nom :
*la feuille → feuilleter* (Blatt → blättern)

– « le quartier piétonnier » (p. 21)
*le piéton* = Fußgänger → Fußgängerzone

– « il rougit » (p. 21) :
on forme souvent un verbe en *–ir* à partir d'un adjectif : *rouge →rougir*

## 2. Mots identiques en allemand, en anglais

Vous pouvez parfois deviner le sens de mots français à partir de mots allemands ou anglais que vous connaissez :

| | |
|---|---|
| le travail manuel (p. 20) | manuell |
| un projectile (p. 59) | Projektil, Wurfgeschoss |
| Le sourire diminua. (p. 25) | to diminish (abnehmen) |
| Le petit coiffeur s'approcha du comptoir. (p. 25) | to approach (sich nähern) |
| ressembler (p. 37) | to ressemble (ähnlich sein, ähneln) |
| patienter (p. 46) | patient (engl.) + -er als Indiz für Verb (sich gedulden) |
| la satisfaction (p. 56) | satisfaction (Befriedigung, Genugtuung) |
| un regard concerné (p. 114) | concerned (besorgt) |

### 3. Le contexte

Enfin, lisez bien les mots placés avant et après le mot recherché. Cherchez le thème de la phrase ou du paragraphe :
– «Le jour se recouchait déjà.» (p. 22) : vous connaissez *se coucher* = sich schlafen legen, ins Bett gehen. Le préfixe *re-* = wieder. Ici, nous avons le sens figuré → Der Tag ging schon wieder dem Ende entgegen; es wurde schon wieder Nacht.

# Le monde de la coiffure

Dans la liste suivante, vous trouvez tous les mots et toutes les expressions du texte qui ont à voir avec le monde de la coiffure.

D'un côté, il y a des mots qui sont très utiles dans la vie de tous les jours, d'un autre côté il y a des termes techniques *(Fachwortschatz)* que vous ne devez pas apprendre pour parler du roman.

| les objets dans le salon de coiffure | die (Einrichtungs-) Gegenstände im Friseurladen |
|---|---|
| un miroir | Spiegel |
| une glace | (Hand-)Spiegel |
| un bac | Waschbecken |
| un casque à cheveux | Trockenhaube |
| un registre des rendez-vous | Terminkalender |
| un présentoir (L'Oréal) | Verkaufsständer (für L'Oréal-Produkte) |

| les produits | die Produkte |
|---|---|
| un (flacon de) shampooing<br>– un shampooing cheveux gras<br>– un shampooing anti-poux<br>– un shampoo traitant | (Flasche) Shampoo<br>– Shampoo für fettige Haare<br>– Shampoo gegen Kopfläuse<br>– Pflegeshampoo |
| une bombe de laque | Dose Haarspray |

| un colorant (d'oxydation) un oxydant | Färbemittel (Bleichfärbemittel) Oxydationsmittel, Bleichmittel |
|---|---|
| une poudre décolorante | Entfärbungspulver |
| un tube de gel coiffant – pour créer un effet mouillé | Tube Frisiergel – um einen Wet-look zu stylen |

| les outils de coiffure | die Frisierwerkzeuge |
|---|---|
| les ciseaux *mpl*, une paire de ciseaux – les ciseaux sculpteur dentés | Schere – Effilierschere (zum Ausdünnen von Strähnen) |
| une brosse | Bürste |
| un peigne – un peigne démêloir – un peigne de coupe | Kamm – Kardätsche – Haarschneidekamm |
| un rasoir | Rasiermesser, Rasierer, elektrischer Haarschneider |
| un rouleau, un bigoudi | Lockenwickler |
| une pince à cheveux | Haarklammer |
| une touillette | Farbmischschale |
| un pinceau | Pinsel |
| une papillote d'aluminium | Alu-Streifen (zum Färben von Strähnen benutzt) |
| une trousse de manucure – le vernis | Maniküreetui – Nagellack |

| les activités dans le salon de coiffure | die Tätigkeiten im Frisiersalon |
|---|---|
| mouiller les cheveux | die Haare anfeuchten |
| laver les cheveux shampouiner | die Haare waschen |
| rincer | ausspülen |
| sécher le séchage | trocknen das Trocknen |
| couper une coupe<br>– une coupe en brosse<br>– une coupe courte<br>– bien court sur les côtés<br>– plein d'échelles | schneiden Haarschnitt<br>– Bürstenhaarschnitt<br>– Kurzhaarschnitt<br>– an den Seiten recht kurz<br>– voller (ungewollter) Stufen |
| faire un carré dégradé | einen gestuften Bob schneiden |
| rafraîchir la coupe | nachschneiden |
| un piquetage | abstufender Schnitt |
| coiffer | frisieren |
| (se) peigner donner un coup de peigne | (sich) kämmen kämmen, frisieren |
| démêler les cheveux *mpl* | die Haare ausbürsten |
| rebiquer les pointes *fpl* | die Spitzen stylen, formen |
| une teinture | Färben |
| touiller | die Farbe vorbereiten, mischen |

| faire des mèches *fpl* | Strähnen einfärben |
|---|---|
| – faire un balayage mèches-foncées, mèches claires | – helle und dunkle Strähnchen einfärben (bürsten) |
| – faire un balayage sur les mèches de recouvrement | – Strähnen in die Deckhaare einfärben |
| – faire des mèches rouges sur la base foncée | – rote Strähnchen auf dem dunklem Grundton (des Haares) einfärben |
| les cheveux prennent | die Haare nehmen die Farbe an |
| être éclairci | blondiert sein |
| faire une mise en plis | die Haare einlegen (Wasserwelle) |

| **la coiffure** | **die Frisur** |
|---|---|
| les cheveux *mpl* | Haare |
| – les cheveux déliés | – offene Haare |
| – les cheveux ramassés en chignon | – die Haare zu einem Knoten zusammengefasst, aufgesteckt |
| – châtain clair | – hellbraun |
| – les mèches de recouvrement | – Deckhaar |
| les tresses *fpl* | Zöpfe |
| – tresser | – flechten |
| – le tressage | – das Flechten |
| – les tresses afro | – Afro-Zöpfchen |
| une frange | Pony |
| – déstructurée | – fransig |
| – effilée | – ausgedünnt |

| | |
|---|---|
| une chevelure | Haar |
| une frisette | kleine Löckchen |
| une boucle | Locke |
| une crinière de bouclettes fauves | wilde Lockenmähne |
| le look surfeur<br>– un effet ébouriffé<br><br>– les pointes effilés | Surfer-Look<br>– strubbeliges Aussehen<br>– ausgedünnte Spitzen |
| une permanente<br>– une permanente souple<br>– une permanente froide alcaline | Dauerwelle<br>– leichte, sanfte Dauerwelle<br>– eine alkalische Kaltwelle |
| une perruque | Perücke |

| Quelques expressions générales | |
|---|---|
| C'est pour un rendez-vous ? | Sie möchten einen Termin ausmachen ? |
| Une coupe simple.<br>Une coupe-brushing. | Nur Schneiden.<br>Schneiden, Waschen und Föhnen |
| Voulez-vous passer au bac. | Kommen Sie bitte mit zum Waschbecken. |

# 1

## Le stage

– Un stage ! s'exclama monsieur Feyrières. Mais qu'est-ce que c'est encore que ces inventions ?
5 Les gamins ne savent pas aligner trois phrases de français et il faut qu'ils fassent des stages. Un stage de quoi, d'abord ?

Il s'adressait à son fils à l'autre bout de la table.

– Mais j'en sais rien, grommela Louis. C'est à
10 nous de trouver, qu'elle a dit, la prof.

– « Qu'elle a dit, la prof », l'imita son père. Un stage de balayeur, voilà ce que tu trouveras. Non, pas balayeur, il faut dire « technicien de surface », maintenant.

15 Monsieur Feyrières ricana. Lui, il était chirurgien. Bel homme, la voix forte. Il y avait quatre autres personnes à table : Floriane, sept ans, Louis, quatorze ans, madame Feyrières et Bonne-Maman.

– Si c'est qu'une affaire d'une semaine, dit cette
20 dernière, je pourrais peut-être lui trouver quelque chose. J'ai ma coiffeuse qui prend des apprenties. Un stagiaire, c'est pas très différent.

Monsieur Feyrières ouvrit grand les yeux.

– Un stage de coiffure ? Pour Louis ?

25 – Ouah, trop de chance, murmura Floriane. Moi, je veux faire coiffeuse quand je serai grande.

Madame Feyrières eut un regard indulgent pour sa petite dernière, qui passait ses mercredis à faire

---

*siehe thematischer Wortschatz ab Seite 13

5 **un gamin** *fam* un enfant – 5 **aligner** aneinander reihen – 8 **un bout** Ende –
9 **grommeler** parler de façon qu'on comprend mal – 12 **un balayeur** qn qui nettoie
les rues – 13 **un technicien de surface** Raumpfleger (hier: des öffentlichen Raumes =
Straßen) – 15 **ricaner** rire pour se moquer – 18 **Bonne-Maman** la grand-mère – 21 **un
apprenti** → apprendre – 27 **indulgent, indulgente** ≠ sévère

des coiffures à sa Barbie Raiponce. Puis elle se tourna vers sa mère.

– Tu sais, maman, je ne vois pas trop ce que Louis ferait dans un salon de coiffure.

5 Mais comme personne n'avait d'autre idée de stage, Bonne-Maman promit d'en parler à Maïté, la patronne du salon.

– Ça ne t'ennuie pas ? s'inquiéta madame Feyrières.

10 – M'est égal, grogna Louis.

Une fois dans la chambre à coucher, madame Feyrières eut peur que son mari aille se plaindre des idées loufoques de Bonne-Maman.

– Dans le fond, dit-il, ce n'est pas une mauvaise
15 chose, ce stage. Louis va apprendre ce qu'est le travail, balayer, ranger, rester des heures debout. Il est temps qu'il découvre le principe de réalité !

Monsieur Feyrières parlait fort, avec de grands gestes, comme s'il était entouré de ses étudiants.

20 – Le travail manuel a ses vertus, approuva sa femme.

Monsieur Feyrières lui jeta un regard de pitié :

– Oui, la vertu de vous faire comprendre que vous avez intérêt à poursuivre vos études.

25 Dans sa chambre, Louis pensait précisément à ses études. Il ramait en maths, ne comprenait pas ce que lui voulait la prof de français, s'endormait en allemand. De temps en temps, il avait un sursaut, un peu par amour-propre, un peu parce
30 qu'il avait peur de son père. Il triait les devoirs et les

---

1 **Raiponce** Rapunzel aus dem Grimmschen Märchen, bekannt für ihre besonders langen Haare – 7 **une patronne** une chef – 8 **ennuyer qn** ≠ plaire à qn – 10 **grogner** grommeler – 12 **aille** *subj du verbe aller* – 13 **loufoque** *fam* fou – 14 **dans le fond** après tout – 19 **être entouré, entourée** être au centre – 20 **une vertu** un bon côté – 22 **la pitié** Mitleid – 26 **ramer** *fam* avoir beaucoup de difficultés – 29 **un sursaut** *ici* : un moment de nouvelle énergie – 29 **l'amour-propre** *m* le respect pour soi-même – 30 **trier** sortieren

photocopies qui se trouvaient au fond de son sac à dos. Puis il se perdait de nouveau dans des rêves et des idées confuses.

Lorsque Louis partit pour le collège, le lendemain, il eut envie de passer par le quartier piétonnier. *Maïté Coiffure* se trouvait rue de la Cerche, en face d'une boulangerie. En passant devant la vitrine Louis ralentit le pas. 9 h – 20 h, c'était l'horaire affiché à l'entrée, mais un néon blême clignotait déjà à l'intérieur. Une femme en pantoufles passait une serpillière sur le carrelage. Elle se redressa et regarda vers la rue. Louis vit qu'elle l'avait vu. Il rougit et détala.

– J'ai trouvé un stage à Radio Vibrations, se vanta Ludovic à la cantine. Le présentateur est super-cool, tu peux voir les vedettes et tout.

Ludovic Janson avait un père anesthésiste, qui travaillait souvent avec monsieur Feyrières. Celui-ci avait donc décidé que Louis et Ludovic étaient amis et que Floriane et Mélissa, les deux petites sœurs, s'adoraient.

Par une heureuse coïncidence, Ludovic et Louis étaient dans la même troisième, cette année.

– T'as trouvé quoi comme stage, toi ?

Louis regarda son camarade en faisant craquer ses doigts. Il ne comprenait toujours pas pourquoi Ludovic s'asseyait à côté de lui en classe. Par moments, il avait envie de lui dire : « Au fait, tu sais quoi ? J'en ai rien à foutre de toi. »

– Rien à foutre, grogna Louis.

---

1 **au fond** tout en bas – 4 **lorsque** quand – 7 **une vitrine** la fenêtre d'un magasin – 8 **ralentir** aller moins vite – 9 **blême** presque sans couleur, blanc – 9 **clignoter** blinken – 11 **une serpillière** Wischlappen – 11 **le carrelage** Fliesen – 11 **se redresser** sich aufrichten – 13 **détaler** partir vite – 14 **se vanter** prahlen – 16 **une vedette** une star – 22 **une coïncidence** Zufall – 26 **faire craquer ses doigts** mit den Fingergelenken knacken – 28 **au fait** übrigens – 29 **n'avoir rien à foutre de qn** *arg* jemand ist einem scheißegal

– Oui, mais qu'est-ce que tu vas dire à la prof de français ?

Ludovic était un bon élève un peu stressé.

– Je vais faire un stage dans un salon de coiffure, dit Louis pour voir l'effet produit.

– Tu te fous de moi ?

Louis pensa « oui » et répondit :

– Non.

– T'as pas peur ? Les coiffeurs, c'est tous des Michoubidou…

– Mais c'est des coiffeuses chez *Maïté Coiffure*.

Il revit en pensée la femme qui passait la serpillière.

– Il y en a une, une blonde, quand elle se penche pour les shampooings, tu vois tout.

Ludovic en eut le sifflet coupé pour le restant de la journée.

Quand Louis sortit du bahut, à dix-huit heures, le jour se recouchait déjà. Louis se sentit attiré de nouveau par *Maïté Coiffure*. Ce n'était plus le même endroit. Le salon baignait dans une lumière dorée. À la caisse, au milieu des flacons de shampooing*, trônait l'authentique madame Maïté, une dame un peu forte et très maquillée. Elle parlait à une cliente en lui posant une main grassouillette sur le bras. Elles semblaient amies depuis des années. La cliente s'éloigna, suivie du sourire de la patronne.

Il y avait trois femmes sous des casques à cheveux*, feuilletant la presse people. Un petit jeune homme en chemise blanche, le col très ouvert, virevoltait autour d'une vieille dame, un

---

6 **se foutre de qn** *arg* se moquer de qn – 10 **un Michoubidou** *ici :* un homosexuel – 14 **se pencher** sich beugen – 16 **avoir le sifflet coupé** *fam* ne plus savoir quoi dire – 18 **un bahut** *fam* un collège ou un lycée – 19 **attiré, attirée** angezogen – 21 **doré, dorée** de la couleur de l'or – 25 **grassouillet, grassouillette** ≠ mince – 29 **la presse people** *anglais* Klatschpresse, Boulevardmagazine – 30 **un col** Kragen – 31 **virevolter** tourner rapidement

coup de peigne* là, un psschit de laque ici, la glace*, la glace, s'il vous plaît ! Il appelait une gamine en blouse blanche qui accourut avec un miroir* tout rond pour que la cliente puisse admirer son
5 chignon* de tous les côtés.

Le salon de coiffure avait une mezzanine. Tandis qu'il se tordait le cou pour voir l'étage supérieur, Louis crut que la blonde inventée pour l'usage exclusif de Ludovic venait d'apparaître. Elle
10 descendait l'escalier et portait des talons aiguilles comme on n'en voit qu'assez tard sur les chaînes cryptées.

À la maison, il retrouva sa petite sœur au salon. Elle jouait aux Barbie tout en regardant *Charmed*
15 à la télévision. Louis s'assit sur le tapis et saisit Raiponce. Il s'aperçut que les longs cheveux blonds faisaient des nœuds et commença à les démêler* avec la brosse* qui traînait toujours sur le canapé.

– Tu es rentré, Louis ? fit soudain la voix de sa
20 mère.

Le garçon rejeta la poupée. Madame Feyrières entra dans le salon, toute souriante.

– J'ai une bonne nouvelle pour ton stage. J'ai parlé avec Nadine.
25 Nadine Janson, la mère de Ludovic et Mélissa. Louis fronça les sourcils, inquiet.

– Elle connaît quelqu'un qui travaille à Radio Vibrations et qui accepte les stagiaires.

– Et alors ? fit Louis.
30 – Mais ça va être… « cool », non ? balbutia sa mère. Ludovic y sera aussi.

---

3 **une blouse** Kittel – 4 **pour que** + *subj* damit – 4 **puisse** *subj du verbe pouvoir* – 6 **une mezzanine** Zwischengeschoss – 7 **tandis que** pendant que – 7 **se tordre le cou** sich den Hals verrenken – 10 **un talon aiguille** Bleistiftabsatz – 12 **crypté, cryptée** verschlüsselt – 14 *Charmed* amerikanische Fernsehserie um Hexen – 17 **un nœud** Knoten – 18 **traîner** se trouver là sans raison – 26 **froncer les sourcils** [suʀsi] *mpl* die Stirn runzeln – 30 **balbutier** [balbysje] stammeln

Louis se mit en colère.

– Je ne veux pas.

– Tu ne veux pas ? répéta madame Feyrières sans paraître comprendre.

5  – C'est un abruti.

– Ludovic ? Mais c'est un bon élève !

– Et alors ?

Floriane, qui suivait la conversation avec un grand intérêt, crut nécessaire de venir en aide.

10  – Moi, c'est pareil. Je trouve que Mélissa, elle est abrutie.

– Mélissa ?

Madame Feyrières suffoquait.

– Mais c'est une charmante petite fille.

15  – Oui, elle est charmante, admit Floriane, mais elle est abrutie.

Louis se mit à rire. Puis il vit que sa mère était toute désemparée. Elle avait voulu bien faire.

– T'inquiète, lui dit-il. Je vais faire le truc de
20  Bonne-Maman.

– Quel truc ?

– Mais son machin de coiffure, bougonna Louis.

Bonne-Maman prit rendez-vous* avec Maïté, un jeudi.

25  – C'est son jour de creux, expliqua-t-elle à son petit-fils.

– Mais elle t'a dit qu'elle était d'accord ?

– D'abord, elle veut te voir. Tu aurais pu cirer tes chaussures.

30  Louis songea qu'il avait gardé son sweat taché de Nutella. La nervosité de sa grand-mère commençait

---

5 **un abruti** un idiot – 13 **suffoquer** nach Luft ringen – 18 **désemparé, désemparée**
qui ne sait plus quoi dire – 19 **t'inquiète** *fam* ne t'inquiète pas (beruhige dich) –
22 **bougonner** grommeler – 25 **un jour de creux** un jour où il n'y a pas beaucoup de
clients – 28 **cirer** putzen – 30 **songer** penser – 30 **taché, tachée** befleckt

à le gagner d'autant que Bonne-Maman lui avait avoué qu'elle était nouvelle cliente dans ce salon.

Ce jeudi matin, il n'y avait pas beaucoup de clients chez *Maïté Coiffure*. L'apprentie reliait les points
5 d'un dessin dans un *Mickey magazine* oublié par un petit client. La belle blonde passait sa deuxième couche de vernis* blanc nacré. Madame Maïté s'occupait des mystères de la TVA dans son livre de comptes, tandis que le petit coiffeur finissait la
10 coupe en brosse* d'un vieux monsieur que tout le monde appelait « le colonel ». Madame Maïté sourit aimablement à Bonne-Maman.

– C'est mon petit-fils, dit Bonne-Maman en désignant Louis. Vous savez, pour le stage…
15 – Ah ? Oui.

Le sourire diminua. La patronne dévisagea Louis, qui rougit.

– Il a les papiers du collège à faire signer ? demanda-t-elle.
20 – Oui, madame, répondit Louis.

– Il a une chemise blanche ?

Un peu troublé par cet interrogatoire à la troisième personne, Louis répéta « oui, madame ».

Le petit coiffeur s'approcha du comptoir et dit à
25 l'oreille de la patronne :

– Shampooing-coupe* pour le colonel.

– Merci, Fifi. Il avait un vestiaire ? questionna Maïté.

– Garance s'en occupe, répondit Fifi.

---

1 **d'autant que** um so mehr als – 4 **relier** miteinander verbinden – 7 **une couche** Schicht – 7 **nacré, nacrée** perlmuttfarben – 8 **la TVA** MwSt – 9 **un livre de comptes** Buch zur Kontoführung – 14 **désigner** montrer du doigt – 16 **dévisager qn** fixer qn, regarder qn avec curiosité – 24 **un comptoir** Tresen – 27 **un vestiaire** *ici* : un vêtement (qu'on met au vestiaire)

Les yeux de Louis étaient allés de l'un à l'autre pendant l'échange. Fifi, Garance, le colonel, on tournait un film ?

– Quand veut-il commencer ? demanda la
5  patronne en s'intéressant de nouveau à Louis.

– Le stage, c'est du lundi 20 au vendredi 24.

– Bien. Alors, une chemise blanche, les cheveux propres. On ouvre à neuf heures. Mais, le lundi, c'est fermé. On décalera du mardi au samedi.
10  Sur le chemin du retour, Louis se demanda s'il n'allait pas regretter Radio Vibrations.

8 **propre** ≠ sale – 9 **décaler** *ici :* changer

# 2

## Mardi 21

Le vendredi, puis le samedi, Louis passa devant *Maïté Coiffure*. À chaque fois, il cherchait Fifi des yeux et le détaillait. Le pantalon noir très ajusté, les chaussures de cuir avec une talonnette (Fifi voulait se grandir), la chemise un peu bouffante. Louis se regardait un peu plus loin dans une vitrine. La parka, le jean, les baskets. Ça n'allait pas.

Ce lundi matin, il n'avait pas cours avant dix heures. L'appartement était vide. Louis en profita pour regarder dans la penderie de son père. Il essaya une chemise blanche et dut constater qu'il n'avait pas encore la carrure de son père. Mais en laissant du flou ? Il ouvrit le col, un bouton, deux, puis mit les mains dans ses poches revolvers. Il choisit dans ses propres affaires un jean bien repassé et s'examina une seconde fois dans le miroir.

– Ça le fait.

Restait le problème des chaussures. Pas d'autre solution que de craquer les cent euros de Bonne-Maman. Qui aurait imaginé, quinze jours plus tôt, que Louis emploierait l'argent de son anniversaire à acheter des chaussures de vieux ? C'est pourtant ce qu'il fit. Dans la salle de bains, il put enfin s'admirer de la tête aux pieds.

– T'es amoureux ? fit une petite voix dans son dos.

---

5 **détailler qn** examiner qn en détail – 5 **ajusté, ajustée** eng – 6 **le cuir** Leder – 6 **une talonnette** Ferseneinlage – 7 **bouffant, bouffante** bauschig – 12 **une penderie** Kleiderschrank – 14 **la carrure** la largeur du dos – 15 **laisser du flou** etw offen lassen – 16 **une poche revolver** une poche de derrière – 17 **repassé, repassée** gebügelt – 21 **craquer** *fam ici* : utiliser – 24 **pourtant** jedoch

Floriane le dévorait des yeux. Louis porta un doigt à ses lèvres.

Le mardi, il arriva trop tôt. Dans la lumière fade du néon, la femme de ménage nettoyait les miroirs.
5 Louis resta quelques instants sous la petite pluie avant de se mettre sous l'auvent de la boulangerie. Sans le vouloir, il bouscula une personne qui s'y trouvait déjà.

– Ah… mais, protesta une jeune femme qui
10 tremblait de froid dans un imperméable.

– S'cusez.

Il lui jeta un regard de côté. C'était la belle blonde, mais méconnaissable, les cheveux hâtivement ramassés* en chignon, le visage sans fard et les
15 yeux rougis, elle reniflait.

– Ah ! s'exclama la jeune femme quand le salon de coiffure s'illumina.

Elle partit en trottinant sur ses trop hauts talons. Louis la suivit peu après. Il eut un petit choc en
20 poussant la porte du salon. Madame Maïté était déjà là, parfaitement maquillée. Louis ne l'avait pas vue entrer.

– C'est pour un rendez-vous* ?

Elle avait oublié Louis.
25 – Non, le… le stage, bredouilla-t-il.

– Le stage ? Ah, oui, le stage… Mon Dieu, soupira madame Maïté. Allez mettre vos affaires au vestiaire.

– Oui, madame.

---

1 **dévorer qn des yeux** regarder qn avec un très grand intérêt – 4 **une femme de ménage** une femme qui est employée pour nettoyer un appartement, un magasin – 5 **un instant** un moment – 6 **un auvent** Vordach – 10 **un imperméable** un manteau qui protège de la pluie – 13 **hâtivement** très vite – 14 **le fard** un maquillage – 15 **renifler** schniefen – 18 **trottiner** trippeln – 25 **bredouiller** balbutier – 26 **soupirer** seufzen

Louis avait pour la première fois de sa vie la sensation qu'il était responsable de lui. Il suspendit sa parka, puis contrôla sa tenue dans un des miroirs.

5 – Bonjour, tout le monde ! fit une voix perchée.

– Bonjour, Fifi. Si ça ne vous ennuie pas, il y aurait le petit stagiaire à occuper aujourd'hui.

Fifi lui sourit.

– Je vais vous apprendre à faire le café, lui dit-t-il,
10 le ton confidentiel.

Il fallait en proposer aux clientes pour les aider à passer le temps.

– Ou du thé, si elles préfèrent. Là, c'est les sachets. Vanille ou Earl Grey. Et vous pourrez aussi donner
15 un coup de balai, hein ? Vous verrez avec Garance ?

Il parlait très poliment, avec plein de petits gestes. Louis évitait de le regarder en face. Fifi n'était pas très beau et essayait de masquer sous du fond de teint une acné des plus pénibles à voir. Mais il était
20 d'une grande gentillesse.

– Vous voulez porter une tasse de café à Clara sur la mezzanine ?

– Oui, monsieur.

– Oh, vous pouvez m'appeler Fifi.

25 – C'est votre nom ? s'étonna Louis.

La naïveté du garçon fit rire le jeune coiffeur.

– Non, c'est Philippe.

Louis s'en voulut de sa propre stupidité. Il prit la tasse de café et monta à l'étage.

30 – Bonjour, mademoiselle. Votre café.

– Hon, lui répondit-on.

---

2 **un sensation** → sentir – 2 **suspendre** accrocher (aufhängen) – 3 **une tenue** la façon d'être habillé – 5 **perché, perchée** haut – 10 **confidentiel, confidentielle** vertraulich – 13 **un sachet** *ici :* un petit sac avec du thé pour une tasse – 15 **un balai** → le balayeur – 16 **poliment** →poli (höflich) – 16 **plein de** *fam* beaucoup de – 19 **un fond de teint** gefärbte Gesichtscreme – 19 **pénible** ≠ agréable – 25 **s'étonner** être surpris – 28 **s'en vouloir de qc** sich über etw ärgern

Clara était en train de mettre son gloss à lèvres. Louis la regarda faire, bouche bée. Clara s'était métamorphosée. Un chignon sophistiqué laissait s'échapper quelques boucles* folles et
5 son teint avait pris un air de porcelaine. Pouvait-on s'imaginer que cette même jeune femme avait pleuré, quelques minutes auparavant, sous l'auvent de la boulangerie ? Elle aperçut Louis dans le miroir.

10 – T'as jamais vu de fille ?

Louis se dépêcha de rejoindre Fifi au rez-de-chaussée.

– Bonjour, madame Rémy. Mais quel temps !

La patronne accueillait ainsi une grosse dame
15 courte et essoufflée.

– On va vous débarrasser de votre parapluie. Garance ! Ah non, elle n'est pas arrivée. Louis, mon petit…

Louis ouvrit des yeux effarés.

20 – Le parapluie de madame Rémy. Et son manteau. Et sortez une blouse.

Les ordres tombaient dru de la bouche de la patronne.

– Vous avez pris un deuxième apprenti ? s'informa
25 madame Rémy.

Madame Maïté n'hésita qu'une demi-seconde.

– Heu, oui.

Cette histoire de stagiaire la fatiguait. Apprenti, c'était presque la même chose. Les bras chargés,
30 Louis se dirigea vers le vestiaire. Au passage, il jeta un regard angoissé à Fifi.

---

1 **un gloss à lèvres** Lipgloss – 2 **bouche bée** mit vor Staunen offenem Mund –
3 **sophistiqué, sophistiquée** ≠ simple – 4 **s'échapper** *ici* : heraushängen – 7 **auparavent**
≠ après – 11 **se dépêcher** faire vite – 11 **rejoindre qn** aller retrouver qn – 15 **essoufflé,
essoufflée** außer Atem – 16 **débarrasser qn de qc** jdm etw abnehmen – 19 **effaré,
effarée** plein de peur – 21 **une blouse** *ici* : Umhang (in Frankreich bekommt man eine
Art Kittel, in den man schlüpft) – 22 **tomber dru** venir en grande quantité – 30 **se
diriger** aller – 31 **angoissé, angoissée** plein de peur

– Une blouse, articula silencieusement le jeune coiffeur.

Elles étaient suspendues dans le vestiaire. Louis prit la première qui lui tombait sous la main, une rose avec des petits canards. Il revint vers madame Rémy et la lui tendit. Elle éclata de rire.

– Voyons, Louis, gronda madame Maïté, c'est pour les enfants.

Louis était vexé.

– Mais allez vite en chercher une autre, le gronda madame Maïté.

Louis retourna au vestiaire avec au bord des lèvres une envie de crier : « Je vais le dire à Bonne-Maman ! » Mais il prit sur lui, attrapa une blouse de bonne taille et aida madame Rémy à la mettre.

– Vous voulez une tasse de café ? proposa-t-il en imitant le ton confidentiel de Fifi.

– Du thé, s'il vous plaît.

Une autre dame passa la tête par la porte.

– C'est possible de me donner un coup de peigne ?

– Mais bien sûr, mademoiselle Rapoport. Clara ? Louis, allez chercher Clara.

Le malheureux Louis venait juste de trouver les sachets d'Earl Grey. Il courut à l'étage.

– Une cliente pour vous ! cria-t-il.

Puis il redescendit rapidement l'escalier.

– Le vestiaire pour mademoiselle Rapoport, Louis.

– Oui, madame.

Le carillon de la porte tinta de nouveau.

– Vous auriez une place pour moi ? demanda un monsieur.

---

6 **tendre** *ici :* donner – 6 **éclater de rire** in Lachen ausbrechen – 7 **gronder** schimpfen –
9 **vexé, vexée** en colère – 14 **prendre sur soi** sich zusammenreißen – 31 **un carillon**
Glöckchen – 31 **tinter** bimmeln

– Juste un rafraîchissement ? proposa madame Maïté.

Louis voulut se montrer à la hauteur :

– Du thé ou du café ?

5 Ce fut un éclat de rire général. Fifi, ayant pitié de Louis, lui expliqua qu'il s'agissait de « rafraîchir » la coupe* de cheveux. Cette fois-ci, Louis eut la bonne idée de rire de lui.

– Vous venez au bac*, madame Rémy ? dit Fifi.
10 Je vous prends tout de suite, monsieur. Louis, le vestiaire.

C'était l'affolement. Garance manquait toujours et tout le monde semblait avoir besoin de *Maïté Coiffure*, ce mardi matin. Louis fut rapidement
15 stylé. Thé, café, vestiaire.

– Tu peux balayer ? lui demanda Clara après avoir fait une coupe.

Elle était la seule à le tutoyer.

Enfin, Garance entra, l'air apeuré.
20 – *J'm'escuse*, dit-elle en s'effondrant presque sur le comptoir. C'est pas d'ma faute. C'est le tram. Il marchait pas, ce matin.

– Voyons, Garance, ne raconte pas n'importe quoi, la gronda à voix basse madame Maïté. Ce
25 n'est pas comme ça que tu auras ton CAP. Ils vont m'entendre à l'école.

Garance était sur le point de pleurer.

– Mais j'vous jure, madame Maïté…

– Garance ! l'appela Fifi. Tu viens rincer* 
30 madame ?

La jeune apprentie alla vite au fond du magasin. Au passage, elle souffla au coiffeur :

---

1 **un rafraîchissement** 1. Erfrischungsgetränk 2. das Wiederauffrischen des Haarschnitts – 12 **un affolement** une panique – 15 **être stylé, stylée** faire bien son travail – 18 **tutoyer** dire « tu » – 20 **s'effondrer** zusammenbrechen – 25 **le CAP** = Cerficat d'aptitude professionnelle, entspricht der Abschlussprüfung an einer gewerblichen Berufsschule – 32 **souffler** *ici :* dire à voix basse

– J'me suis pas réveillée.

– Si t'arrêtais de faire la fête, le soir ? répliqua Fifi.

Garance rentra presque dans Louis en allant vers le bac.

5 – C'est qui, lui ?

– Pas « lui », Louis, plaisanta Fifi. C'est ton nouveau chevalier servant.

Les deux adolescents se jetèrent un regard de défiance. Mais il y avait toujours plus de monde et
10 tous deux furent occupés jusqu'à midi passé.

Il y avait une atmosphère d'activité joyeuse dans le salon. Garance passait les rouleaux* à Fifi pour une mise en plis*. Louis tendait un à un les petits papiers d'aluminium* à Clara qui faisait
15 des mèches* à madame Rémy. Chaque fois que la coiffeuse se penchait sur sa cliente, Louis avait une vue imprenable sur son décolleté. Madame Rémy, qui était moqueuse, finit par le remarquer.

– Dites donc, Clara, vous penchez pas plus ou
20 vous allez tout lui montrer.

– Oh, il serait déçu.

Elle fit semblant de chuchoter, mais Louis entendit très clairement :

– C'est moitié du faux.

25 « Drôle d'endroit », songea Louis. Mais il était à demi mort de faim et personne ne parlait d'aller manger.

– Bon, qu'est-ce que je vous prends ? déclara soudain Garance.

30 Cette simple question provoqua une avalanche de commandes et de recommandations :

---

2 **répliquer** dire, répondre – 6 **plaisanter** dire qc qui fait rire – 7 **un chevalier servant** Diener – 9 **la défiance** Misstrauen – 11 **joyeux, joyeuse** → la joie – 22 **faire semblant** so tun als ob – 22 **chuchoter** parler très bas – 30 **une avalanche** *fig* une grande quantité – 31 **une commande** Bestellung – 31 **une recommandation** un conseil

– Tu me prends un jambon-beurre, mais avec moins de beurre qu'hier et un cornichon.

– Une crudités-salade, mais sans sauce. Et des carottes râpées.

5 – Qui veut une portion de frites à partager ?

– Moi ! Mais le sel à part.

Garance ne cessait de soupirer. De toute façon, elle ferait comme toujours : n'importe quoi.

– Attendez, je vais noter sur un papier, intervint
10 Louis.

Ce qu'il fit très calmement, sans remarquer le regard furibond de Garance. Puis il alla prendre sa parka.

– J'y vais.

15 On lui donna un peu d'argent et il partit sans se savoir poursuivi par toutes les malédictions que Garance pouvait inventer dans sa tête. Il venait de lui voler le meilleur moment de la journée ! D'ordinaire, elle prenait près d'une heure pour faire
20 ces petites courses en prétextant chaque fois qu'elle était tombée sur une file de deux kilomètres.

Un quart d'heure plus tard, Louis était de retour avec les commandes scrupuleusement honorées. Madame Maïté le complimenta d'un simple « bien,
25 Louis », de la part de Clara c'était un « super ! » quand elle ouvrit son sandwich au jambon et y découvrit un cornichon.

L'après-midi parut assez long à Louis. Heureusement, il y avait les conversations. Fifi

---

3 **une crudité-salade** Salat aus rohem Gemüse – 4 **les carottes râpées** Möhrensalat –
5 **partager** *ici :* donner la moitié à qn d'autre – 6 **à part** ≠ ensemble – 7 **cesser**
finir, arrêter – 7 **de toute façon** sowieso – 8 **n'importe quoi** irgendwas, egal
was – 12 **furibond, furibonde** très en colère – 16 **une malédiction** Verwünschung,
Verfluchung – 19 **d'ordinaire** généralement – 21 **une file** beaucoup de personnes les
unes derrière les autres – 23 **honorer scrupuleusement qc** faire exactement ce qu'on a
prié de faire – 25 **de la part de** von

ne cessait de faire des blagues, et les clientes se laissaient aller à d'extraordinaires confidences.

– Moi, quand j'ai mes règles, c'est même pas la peine d'essayer de me coiffer*.

5 – Vous plaignez pas. Depuis que j'ai ma ménopause, j'ai mes cheveux comme du foin.

Louis tournait la tête, un peu gêné. Mais il écoutait encore, il regardait encore. Les ciseaux* voltigeurs de Fifi le fascinaient. Tout en coupant,
10 Fifi commentait :

– Je vous effile la frange*, madame Parmentier (clic, clic), ça fera moins lourd. C'est tendance (clic, clic), on déstructure les franges* (clic), cette année.

Le carillon de l'entrée sonna.

15 – Mais c'est notre Gabriel ! s'écria madame Maïté depuis son comptoir.

Louis aperçut un enfant de trois ou quatre ans, qu'il prit d'abord pour une petite fille. Sa maman, qui était très fière de lui, passa la main dans ses
20 cheveux blonds.

– La frange est un peu longue, et puis il faudrait raccourcir par-derrière*.

– Deux centimètres ? proposa madame Maïté.

– Oh, à peine…

25 Fifi mit un gros coussin sur le fauteuil et y déposa Gabriel, très droit, très sérieux dans sa blouse rose à petits canards.

– Je te laisse, mon cœur, fit la maman. Tu es sage, mon chéri. Maman t'aime, elle revient très vite,
30 mon trésor.

---

2 **une confidence** le fait de parler d'un secret, d'un problème personnel – 4 **ne pas être la peine** être inutile – 6 **le foin** ici : Stroh – 7 **gêné, gênée** verlegen – 9 **voltigeur, voltigeuse** acrobatique – 12 **c'est tendance** c'est la mode – 15 **s'écrier** dire à voix forte – 19 **fier, fière** stolz – 24 **à peine** ici : plutôt un peu moins – 25 **un coussin** Kissen – 25 **un fauteuil** ici : la chaise chez le coiffeur – 26 **droit, droite** gerade, aufrecht – 28 **mon cœur** ici : mein Liebling – 28 **sage** brav

Cela parut beaucoup à Louis pour des courses à Casino. Fifi mouilla les cheveux* de l'enfant et se mit à couper la frange. Louis s'assit à côté de lui, sur le tabouret à roulettes, et, sans s'en apercevoir,
5 se mit à imiter de la main droite, avec l'index et le majeur, le pizzicato des ciseaux*.

– Vous voulez essayer ? lui chuchota soudain Fifi.

Louis sursauta.

– Oh, non, je…

10 – Garance ! appela Fifi.

Il attrapa l'apprentie par la manche et la plaça devant lui en rempart.

– C'est pour pas qu'elle nous *voye*, murmura-t-il à Louis.

15 Il parlait de madame Maïté.

– Vous *faisez* des bêtises ? s'informa Gabriel.

Fifi affirma d'un signe de tête et plaça les ciseaux dans la main de Louis.

– Non, je, non…

20 Entre rire et panique, Louis secouait la tête.

– C'est le grand garçon qui coupe les cheveux ? questionna l'enfant.

– Dépêchez-vous, les bouscula Garance.

Louis cessa de rire, de ciller, de respirer même. Il
25 approcha les ciseaux de la frange et se lança à son tour. C'était étrange, les doigts semblaient savoir ce qu'il fallait faire. Ou c'étaient les ciseaux de Fifi. Les gestes venaient naturellement.

– Bien, l'encouragea le jeune coiffeur. Extra. Vous
30 aviez déjà travaillé la coupe ? Non ? C'est incroya… houps !

---

2 **Casino** *un supermarché* – 4 **un tabouret à roulettes** Rollschemel – 5 **l'index** *m* Zeigefinger – 6 **le majeur** Mittelfinger – 8 **sursauter** aufschrecken – 12 **en rempart** als Deckung – 20 **secouer** schütteln – 23 **bousculer** *ici :* dire de faire vite – 24 **ciller** faire un mouvement – 24 **respirer** atmen – 25 **se lancer** s'y mettre – 26 **étrange** bizarre

Un coup de ciseaux malheureux venait de trancher une large mèche de cheveux. Fifi parut un instant désespéré. Mais c'était un garçon qui avait des idées.

5 – Dis-moi, Gabriel, ça arrive qu'on te prenne pour une fille ?

– Oui, dit l'enfant.

– Est-ce que tu voudrais pas ressembler à un petit garçon plutôt ? lui demanda Fifi, cherchant des 10 yeux son rasoir*.

– Si.

– Tu es sûr ?

– Oui.

– Et en avant pour la coupe courte, dit Fifi entre 15 ses dents.

Les boucles blondes tombèrent en pluie sur le carrelage. Louis, paralysé, regarda se terminer le massacre au rasoir. En dix minutes, l'angelot fragile donna la place à un petit gars plein de santé. Fifi lui 20 fit une mèche à la Tintin avec un peu de gel.

– Il est trognon ! s'extasia Garance.

Gabriel ouvrit les yeux très grands devant sa propre image dans le miroir. Il fit une petite grimace, comme s'il allait pleurer.

25 – C'est ton papa qui va être content, déclara Fifi.

Les lèvres du petit cessèrent de trembler et dessinèrent un grand sourire. Le carillon d'entrée se mit à tinter.

– Fifi ! appela madame Maïté. Gabriel est 30 terminé ?

Fifi descendit Gabriel du fauteuil et le petit courut se montrer devant sa maman.

---

2 **trancher** couper – 15 **une dent** Zahn – 18 **un angelot** Engelchen – 19 **un gars** un garçon – 20 **Tintin** Tim (und Struppi) – 21 **trognon** *fam* mignon – 26 **une lèvre** une partie de la bouche

– Je suis Gabriel garçon, maintenant.

La pauvre mère en poussa un cri d'effroi.

– Mais… mais qu'est-ce que vous lui avez fait ?

L'acné de Fifi s'enflamma sous son fond de teint.

5 – Heu… c'est lui qui voulait être comme son papa.

– Comme papa, confirma Gabriel.

– Mais mon petit cœur, chevrota sa maman.

– Il y avait un shampooing, Fifi ? dit madame

10 Maïté sur un ton naturel. Non ? Alors, une coupe simple*. Dix euros.

Tching, cling, tiroir-caisse, au revoir, Gabriel ! Madame Maïté, furieuse, se retourna vers son coiffeur. Elle leva les bras au ciel.

15 – Non mais vraiment, Philippe, par moments, on se demande…

Elle allait ajouter : « si vous êtes normal » puis laissa tomber dans un soupir.

Louis, qui s'était fait tout petit, s'approcha peu

20 à peu de la vitrine et y appuya le front. Dix-huit heures.

La nuit tombait. Louis n'en pouvait plus. Au revoir, merci, bonjour, c'est pour un rendez-vous ? La ronde des clientes n'en finissait plus. Louis

25 pensait vaguement : « Quand elles entrent, elles sont fatiguées. Quand elles sortent, elles sont jolies. » Au revoir et merci.

– Vous voulez rentrer chez vous, Louis ?

– Non, ça va, madame Maïté.

30 Fifi lui jeta un petit regard rapide.

– Il est mort.

C'était gentil, mais c'était vexant.

---

2 **l'effroi** *m* Entsetzen – 8 **chevroter** dire qc d'une voix qui tremble – 20 **appuyer** poser – 20 **le front** Stirn

– Je peux tenir, répondit Louis.

Cette phrase le grandit dans l'estime de madame Maïté.

Louis tint en effet une heure de plus. Puis il songea que ses parents allaient s'inquiéter. Il quitta *Maïté Coiffure* à 19 h 15.

– Hum, tu sens bon, remarqua Floriane quand il entra dans le salon. Y a l'abruti qui a appelé.

Floriane voulait parler de Ludovic.

– Qu'est-ce qu'il voulait ?

– C'est pour te dire qu'il a eu l'autographe de Jennifer.

Louis ricana. L'autographe de Jennifer. Ça faisait pitié.

Au dîner, monsieur Feyrières remarqua l'air fatigué de son fils.

– C'est son stage qui a commencé, expliqua madame Feyrières.

– Ah oui, c'est vrai ! se souvint monsieur Feyrières. Et c'est sympa, cette radio ?

Louis le regarda, les yeux ronds.

– Ah, tu… tu ne sais pas, mon chéri ? bredouilla madame Feyrières. Finalement, Louis fait son stage chez *Maïté Coiffure*. Il a préféré.

Monsieur Feyrières resta un moment sans rien dire. Vraiment, ce gamin était incompréhensible.

– Et alors, comment ça s'est passé ?

– Ça va.

– Je ne te demande pas si ça va, s'énerva son père. Je te demande de me raconter ta journée.

---

1 **tenir** *ici :* durchhalten, bleiben – 2 **l'estime** *f* Achtung – 4 **en effet** tatsächlich – 11 **un autographe** la signature d'un personnage très connu – 19 **se souvenir** → un souvenir

– C'est des gens qui viennent se faire couper* les cheveux.

Madame Feyrières s'alarma de ce ton maussade.

– Si tu veux, on peut encore changer de stage ?

5 – Mais c'est n'importe quoi ! protesta monsieur Feyrières. Il y est, il y reste.

Louis se sentit soulagé d'un grand poids, et il ne fut plus question du salon de coiffure pendant le reste du repas.

---

3 **maussade** ≠ aimable – 5 **c'est n'importe quoi** *fam* Unsinn, Blödsinn – 7 **soulagé, soulagée d'un grand poids** von einer großen Last befreit

# 3

## Mercredi 22

Louis sursauta dans son lit. Le jour apparaissait à travers les volets. Mais quelle heure était-il donc ?

5 – Merde !

Il avait oublié de mettre le réveil à sonner. Il courut à la cuisine. Sa mère lui sourit.

– Je t'ai laissé dormir.

– Mais fallait pas ! hurla-t-il au désespoir.

10 Neuf heures moins cinq. Il allait être en retard comme Garance, la veille.

Il courut s'habiller.

– Prends au moins des céréales ! lui cria sa mère.

Il refusa tout. Il était en colère contre lui. Quand il

15 entra chez *Maïté Coiffure* à neuf heures vingt-cinq, tout le monde était déjà là.

– J'avais parié que tu ne viendrais pas aujourd'hui, dit Fifi en riant.

Louis lui jeta un mauvais regard et s'approcha du

20 comptoir.

– Excusez-moi, mais c'est ma mère qui m'a pas réveillé.

– Vous n'avez plus l'âge de vous faire réveiller par votre mère, répliqua madame Maïté.

25 Garance, qui voulait se venger pour hier, se moqua de Louis.

– C'est quoi, l'adresse de ton coiffeur ? lui demanda-t-elle.

Un coup d'œil dans le miroir l'informa. Il n'avait

30 pas eu le temps de se peigner*. Il essaya de rabattre

---

4 **à travers** durch – 4 **un volet** Fensterladen – 5 **merde !** *vulg* Scheiße! – 11 **la veille** ≠ le lendemain – 14 **refuser** ≠ accepter – 17 **parier qc** affirmer que qc est très probable – 25 **se venger** sich rächen – 30 **rabattre** *ici :* glätten

une ou deux mèches* du plat de la main, mais elles se redressèrent immédiatement. Fifi, qui n'avait rien à faire, lui désigna le bac.

– On va arranger ça.

5 Louis se sentait tellement ridicule qu'il suivit Fifi sans discuter. Le jeune coiffeur lui fit un shampooing et, de stagiaire, Louis se retrouva client. Fifi attrapa ses ciseaux et les fit claquer.

– Alors, qu'est-ce qu'on te fait ?

10 Le tutoiement fit plaisir à Louis.

– Fifi, j'ai du monde pour vous ! l'appela madame Maïté, à ce moment-là.

Fifi haussa une épaule et tendit une autre paire de ciseaux* à Garance :

15 – Tiens, entraîne-toi, dit-il avant de s'éloigner.

– Eh non ! s'écria Louis, effrayé.

– Tu veux une brosse* ? proposa l'apprentie à Louis.

– T'es pas bien ? protesta Louis. Je vais me sécher*
20 les cheveux, c'est tout.

Garance désigna madame Maïté d'un mouvement de tête :

– Faut que je m'entraîne ou ça va encore couiner. Bon, alors, je vais te faire une coupe courte, un
25 genre qui s'appelle en étoile, avec des pointes* effilées* machin. J'ai essayé l'autre jour sur mon copain. C'était pas trop la cata.

Louis était atterré. Garance n'avait pas du tout l'air compétente, ni même motivée. Pourtant il se
30 laissa faire tout en fermant les yeux pour ne pas voir le désastre. À plusieurs reprises, il entendit Garance marmonner : « oh, merde ». Au bout de dix minutes, l'apprentie rejeta les ciseaux en faisant :

---

1 **du plat de la main** mit flacher Hand – 13 **hausser une épaule** eine Schulter hochziehen – 16 **effrayé, effrayée** angoissé – 23 **couiner** *ici* : créer des problèmes – 25 **en étoile** *ici* : igelartig – 26 **un machin** *fam* une chose dont on ne connaît pas le nom – 27 **la cata** *fam* = la catastrophe – 28 **atterré, atterrée** catastrophé

« Oh, là là », puis elle cria : « Fifi ! » comme elle aurait crié : « Au secours ! »

Le jeune coiffeur s'approcha et examina le reflet de Louis dans le miroir.

5 – Tu sais, « déstructuré* », c'est pas la même chose que « plein d'échelles* ».

Louis faisait peine à voir. Fifi attrapa ses propres ciseaux et se lança à toute vitesse en expliquant :

– Là, tu coupes en piquetant* (clic, clic) comme
10 ça. On va donner un effet ébouriffé*, tu vas voir (clic, clic), mais bien court sur les côtés*. Passe-moi le gel effet-mouillé*.

En quelques gestes cliquetants, Fifi transforma Louis en promotion pour les gels coiffants*.

15 – Voilà, effet saut-du-lit spécial Fifi, déclara le jeune coiffeur, satisfait de lui-même. Ça te plaît ?

Louis jeta un regard timide vers le miroir. Puis il s'enhardit, se dévisagea et se sourit, comme avait fait le petit Gabriel. Il avait l'air d'un jeune
20 homme tombé du lit, mais si polisson qu'il ne se reconnaissait pas lui-même.

– Oh, t'es trop mignon ! s'enthousiasma Garance.

Louis rougit de ce compliment inattendu.

– La touche, mon vieux, blagua Fifi.


25 Le mercredi, c'était le jour des enfants. Dans la matinée, une mamie se fit ouvrir la porte. Elle tenait un enfant à chaque main. Théo et Léa. Le petit garçon avait le regard inquiet.

– Ça va, la maman ? demanda madame Maïté à
30 mi-voix.

– Mieux. Elle doit passer vous voir pour…

---

7 **propre** *ici* : qui est à lui – 14 **une promotion** une réclame – 18 **s'enhardir** devenir plus courageux – 20 **polisson, polissonne** frech – 24 **la touche !** voll getroffen! (faire une touche *fam* = eine Eroberung machen)

Elle désigna des perruques* posées sur des têtes en plastique.

– Mais ce n'est pas la peine, intervint Clara. J'irai chez elle pour qu'elle les essaye. Châtain clair*,
5  c'est ça ?

Fifi avait emmené Léa pour le shampooing et Clara s'accroupit pour parler mieux à Théo.

– Tu viens voir ta sœur qui se fait laver les cheveux*, hein ? Tu viens avec moi ?
10  Théo lâcha la main de mamie et suivit la jolie dame parfumée. La grand-mère en profita pour se rapprocher du comptoir. Elle avait besoin de se confier.

– Ça a été très dur le premier mois. Très.
15  Maintenant, elle souffre moins. Mais tous les cheveux sont tombés. C'est la chimio…

Madame Maïté écouta sa vieille cliente. Peu à peu, la grand-mère fut moins triste, sortit les photos des vacances, se mit à rire.
20  Quand les enfants furent partis, Louis demanda :

– Bon, qu'est-ce que je vous prends ?

Garance se sentit des envies de le tuer. Mais cette fois-ci, Louis avait compris. La parka sur l'épaule, il se tourna vers l'apprentie :
25  – Tu viens ?

Garance regarda du côté de Maïté :

– Je sais pas si je peux…

La patronne lui donna la permission d'une voix qui se voulait autoritaire.
30  – Allez-y tous les deux. Mais ne traînez pas.

---

6 **emmener qn** jdn mitnehmen – 7 **s'accroupir** se faire petit – 10 **lâcher qc** ≠ tenir qc – 12 **se rapprocher de qc** aller plus près de qc – 13 **se confier** faire des confidences – 15 **souffrir** avoir mal – 16 **une chimio** une chimiothérapie (Chemotherapie) – 30 **traîner** ≠ faire vite

Par la vitrine du salon, elle les vit qui s'éloignaient. Puis son regard rencontra celui de Fifi dans le miroir et ils échangèrent un demi-sourire.

– Pff, c'est le bagne, ce salon, se plaignit Garance
5 dès qu'ils eurent tourné le coin de la rue. On peut même pas fumer une clope.

Elle sortit son paquet et le tendit à Louis. Il fit « non » de la tête.

– T'as quel âge ?
10 Louis décida d'ajouter une année au calendrier.

– Quinze. Et toi ?

– Dix-sept.

– Tu m'étonnes, fit Louis.

– Ben, tu m'étonnes aussi. T'as quatorze ans. La
15 patronne l'a dit hier, quand t'étais parti.

Ils marchèrent un instant en silence, à demi hostiles, et pourtant contents d'être ensemble.

– Ça te plaît, la coiffure ? s'informa Louis, déjà certain de la réponse.
20 – J'étais nulle en classe. Alors, les profs, ils m'ont dit de faire ça. Ce que j'aime pas, en fait, c'est travailler.

Elle décida de changer de sujet :

– Qu'est-ce que tu penses de Clara ?
25 Louis ne sut quoi répondre. Clara, c'était Clara.

– Elle est bizarre, reprit Garance. Et faut voir son petit copain…

– J'aime pas dire des trucs dans le dos des autres, l'interrompit Louis.
30 Garance en resta bouche bée. Qu'est-ce qui lui restait si elle ne pouvait plus critiquer ?

---

4 **le bagne** *fig* un lieu où le travail est dur – 5 **dès que** sobald – 5 **un coin** Ecke – 6 **une clope** *fam* une cigarette – 13 **tu m'étonnes** *ici :* je ne te crois pas – 17 **hostile** ≠ ami

L'après-midi, il pleuvait et deux clients appelèrent pour dire qu'ils ne viendraient pas. Il y eut un troisième appel, mais sur le portable de Clara.

– Oui ?... Je t'ai dit de pas m'appeler sur mes heures de travail.

Clara répondait d'une voix étouffée. Elle monta à l'étage pour s'isoler. Mais Louis entendit encore :

– Non, pas ce soir. Et tes histoires, j'en ai assez.

Quand elle redescendit de la mezzanine, Clara avait le nez qui luisait. Elle se repoudra, étouffant ses derniers sanglots.

– Vous avez pris froid ? s'inquiéta madame Maïté. Fermez bien la porte d'entrée, Louis. Et venez chercher les Kleenex pour Clara !

Louis se fit la réflexion que la patronne ne se bougeait pas du tout de son comptoir.

Il y eut une éclaircie en fin d'après-midi et la porte ne cessa plus de carillonner. Madame Maïté avait pour principe de ne jamais refuser un client, quitte à le faire patienter avec une tasse de café.

– Bonsoir, monsieur. Shampooing-coupe ? On va s'occuper de vous.

Ludovic venait d'entrer. Le ton autoritaire de la patronne ne lui permit pas de protester. Il avait terminé sa journée de stage à Radio Vibrations et était entré chez *Maïté Coiffure*, un peu par curiosité, un peu pour se moquer. Un stage dans la coiffure, c'était quand même la honte.

– Louis ! Louis ! appela madame Maïté. Débarrassez monsieur.

Louis s'était avancé, l'air dégagé. Son sourire se figea quand il aperçut son copain de classe.

---

6 **étouffé, étouffée** qui ne veut pas se faire entendre – 10 **luire** glänzen – 10 **se repoudrer** remettre de la poudre – 11 **un sanglot** Schluchzer – 17 **une éclaircie** un moment où il ne pleut plus et où le ciel devient plus clair – 20 **quitte à** + *inf* auch wenn – 31 **dégagé, dégagée** ≠ gêné – 32 **se figer** s'immobiliser

– Vous n'allez pas prendre racine ? le gronda la patronne.

Louis s'approcha de Ludovic, lui ôta sa parka, puis l'aida à enfiler une blouse et le conduisit vers les bacs. Tout le monde était occupé. Fifi jeta un coup d'œil sur le nouveau client :

– Shampooing-cheveux gras*. Bouteille verte, Louis.

Il n'était plus possible de reculer.

– Asseyez-vous, monsieur. C'est à la bonne hauteur ?

Ludovic essayait de rigoler, mais Louis restait sérieux.

– Vous me dites si c'est trop chaud.

Puis Louis se mit à shampouiner* son camarade en fredonnant comme le faisait Fifi. Si quelqu'un dans l'affaire devait être humilié, ce ne serait pas lui.

– Voilà, monsieur. Clara est à vous dans un instant.

Ce soir-là, quand il revint chez lui, Louis eut l'impression d'avoir vécu plusieurs vies. Comme toujours, Floriane fut la première à l'accueillir.

– Ouah, trop beau ! l'admira-t-elle.

Il l'attrapa et la serra contre lui, sans savoir pourquoi.

– Dis donc, tu m'aimes aujourd'hui, remarqua Floriane.

Elle s'éloigna en sautillant. C'était l'heure de *Charmed* à la télévision. Comme tous les soirs, Louis s'assit sur le tapis, le dos appuyé au canapé.

---

1 **prendre racine** rester sans bouger – 3 **ôter** *ici* : prendre – 9 **reculer** ≠ continuer –
16 **fredonner** chanter à voix basse sans articuler les mots – 17 **humilié, humiliée**
gedemütigt, erniedrigt – 25 **serrer** drücken – 29 **sautiller** hüpfen

Il regarda les poupées qui étaient devant lui et s'empara de Raiponce. Elle avait les cheveux déliés*. Il la tendit à sa petite sœur :

– Tu me montres comment on fait les tresses* ?

---

2 **s'emparer de qc** prendre qc

# 4

## Jeudi 23

Quand Louis se regarda le lendemain dans le miroir de la salle de bains, il ne restait plus rien de la jolie
5  coiffure. Louis se souvint qu'il avait reçu dans un magazine un échantillon de gel coiffant. Il alla le chercher et se refit un effet saut-du-lit.
   – Mais tu deviens coquet, le taquina sa mère. Il y a une demoiselle qui te plaît au salon ?
10  Louis eut un petit sourire de gêne. Pour la première fois, il venait de remarquer que sa mère portait sur la tête une choucroute jaunâtre assez attristante.
   – Je rentrerai tard, la prévint-il.
15  Il avait l'intention de rester jusqu'à la fermeture. Il voulait savoir où madame Maïté s'en allait le soir venu.

Le jeudi était généralement un jour creux avant le coup de feu du vendredi. Quand Louis entra, le
20  salon était désert. Fifi leva le pouce en l'air pour le féliciter de sa coiffure.
   – Il faudra que j'en achète un, dit le garçon en montrant un tube de gel coiffant*.
   – Servez-vous, lui offrit madame Maïté.
25  C'était assez surprenant, car la patronne était près de ses sous. Mais pour Louis, c'était gratuit.

---

6 **un échantillon** une petite quantité gratuite pour essayer un produit – 8 **taquiner qn** jdn aufziehen – 12 **une choucroute** *ici :* eine dem Sauerkraut ähnliche Frisur – 13 **attristant, attristante** qui est triste à regarder – 14 **prévenir** informer – 19 **le coup de feu** *ici :* Trubel, Geschäftigkeit – 20 **un pouce** Daumen – 21 **féliciter qn** faire un compliment à qn – 26 **être près de ses sous** aimer garder son argent

– Clara vous a dit quelque chose, hier soir ? s'informa madame Maïté.

Fifi secoua la tête et regarda sa montre. Clara n'était jamais en retard. À dix heures, la jeune femme n'était toujours pas là et le salon commençait à s'activer. Louis se sentait inquiet et regardait souvent par la vitrine. Soudain, il l'aperçut dans la rue, le visage enfoui dans un châle couleur fuchsia. Elle entra rapidement et courut vers le vestiaire. Louis interrogea madame Maïté du regard. Elle murmura :

– Allez voir.

Tout au fond du salon, Clara s'était effondrée sur l'épaule de Fifi. Louis s'approcha.

– Tiens, prends ça, dit Fifi en repoussant gentiment sa camarade.

Il lui tendit sa boîte de fond de teint couvrant.

– Je t'assure, tu en mets une bonne couche. On ne verra plus rien.

Clara releva la tête et Louis aperçut la marque qui lui bleuissait la pommette.

– Il veut m'obliger à… mais jamais… jamais, dit-elle, sanglotant.

– Mais tu lui as dit ?

– Et pourquoi il m'a tapée, à ton idée ?

Elle prit le fond de teint et donna un bisou à Fifi.

– Merci.

Louis aurait voulu être à la place de Fifi. Il aurait voulu consoler Clara, la protéger. Il revint vers madame Maïté.

– C'est quelqu'un qui l'a battue, dit-il sans pouvoir mieux expliquer.

---

8 **enfoui, enfouie** eingehüllt – 15 **repousser qn** jdn zurückschieben – 17 **couvrant, couvrante** qui cache – 21 **une pommette** Wangenknochen – 29 **consoler qn** jdn trösten

– Elle ne s'en sortira pas de cette histoire, dit la patronne pour elle-même.

Un quart d'heure plus tard, Clara était à son poste. Elle, si pâle d'ordinaire, avait l'air de revenir
5 des Bahamas. Mais elle portait parfois la main à sa pommette en faisant une petite grimace.

Un peu avant midi, la porte du salon s'ouvrit sur une jeune femme à la drôle de casquette.

– Mais il ne fallait pas, madame Meynier ! protesta
10 la patronne en l'apercevant. Clara serait passée chez vous.

– J'avais envie de sortir, répondit la cliente. Et puis, je sais que le jeudi, c'est votre jour creux.

Quand elle enleva sa casquette, Louis étouffa un
15 cri de surprise. Elle était chauve. Alors, il comprit : Théo et Léa, la mamie, la chimio. Cancer. Il avait des larmes au yeux.

Clara fit asseoir madame Meynier pour les essayages de perruques. Au début, elles parlèrent
20 sérieusement couleur et entretien. Puis Fifi s'en mêla.

– Oh, celle-là, je l'adore ! dit-il en attrapant une crinière de bouclettes fauves* longues.

Il la mit sur la tête et répéta « j'adore ». Puis
25 il prit le châle fuchsia de Clara et s'en drapa. Alors commença le plus grotesque des défilés de mode, Fifi essayant les perruques l'une après l'autre, transformant le châle en jupe, en sari, en tchador, en cape, et commentant le tout sur un ton
30 prétentieux de journaliste snob. Louis avait mal au ventre parce qu'il riait beaucoup. Madame Maïté

---

4 **pâle** sans couleur – 8 **une casquette** Kappe – 15 **chauve** qui n'a pas de cheveux – 16 **le cancer** Krebs – 20 **l'entretien** *m* Pflege – 21 **s'en mêler** intervenir – 27 **un défilé de mode** une présentation de la mode – 30 **prétentieux, prétentieuse** ≠ modeste

avait elle-même perdu toute dignité et riait aux
éclats.

Madame Meynier repartit avec une perruque
bien empaquetée, en s'essuyant les yeux. Tant elle
5  avait ri, elle aussi.

Pendant l'après-midi, Clara proposa à Garance, qui
devait sortir en boîte le soir, de lui faire des petites
tresses afro*. Louis se percha sur son tabouret à
roulettes et regarda attentivement le tressage*. Puis
10 il se mit à imiter les gestes de Clara dans le vide.
– Du monde pour vous, Clara! appela madame
Maïté.

La jeune femme dut abandonner Garance.
– Eh! Mais t'en as pour longtemps? s'inquiéta
15 l'apprentie.

Malheureusement, la cliente voulait une couleur
et une coupe-brushing*. Garance regarda dans le
miroir sa chevelure* à demi tressée*.
– J'ai l'air de quoi, moi?
20 Louis descendit de son tabouret.
– Tu veux que je termine?
– Toi? Mais ça va être trop l'horreur!

Louis rougit, mais il prit une mèche de cheveux et
la tressa comme il avait vu faire à l'instant. Au bout
25 de dix minutes, Fifi s'approcha, intrigué.
– Dis donc, tu te débrouilles... Vous avez vu,
madame Maïté?

Tout le monde lui fit des compliments. De toute
sa scolarité, Louis n'en avait jamais autant récolté.
30 – On fait quoi comme études pour devenir
coiffeur? demanda Louis.

---

2 **rire aux éclats** schallend lachen – 4 **empaqueté, empaquetée** → un paquet –
4 **s'essuyer les yeux** sich die Augen wischen – 7 **sortir en boîte** aller à la discothèque –
13 **abandonner** quitter – 29 **autant** so viel – 29 **récolter** *fam ici :* einheimsen

– Le CAP, c'est en trois ans, répondit Fifi.

– Après la troisième ?

– Oui, et après, tu as le brevet pro. Encore deux ans. Là, tu peux ouvrir un salon, prendre des apprentis.

– Tu veux que je te montre le genre de truc qu'on me fait faire à l'école ? intervint Garance.

De son petit sac à dos, elle sortit un devoir tout froissé que Louis parcourut du regard.

Une cliente d'une trentaine d'années vous demande une permanente souple*, sauf en nuque qu'elle désire plus soutenue. Ses cheveux sont coupés en carré dégradé* (longueur maximum 24 cm). Elle est éclaircie* avec un colorant d'oxydation*.

1. Comment procédez-vous pour obtenir le résultat demandé ?

2. Quel est le rôle du bigoudi* de permanente dans le cas présent ?

3. Nommez un sel réducteur* dans une permanente froide alcaline*.

Les yeux de Louis s'agrandissaient au fur et à mesure qu'il lisait. Il rendit le devoir à Garance (elle avait eu 7) en faisant une grimace incertaine.

La cliente de Clara était repartie. Fifi alluma Radio Vibrations.

– Un tango, j'adore ! s'écria-t-il.

---

3 **un brevet pro** (= professionnel) *entspricht in etwa der Meisterprüfung* – 9 **froissé, froissée** zerknittert – 11 **la nuque** Nacken – 12 **soutenu, soutenue** *ici :* mit mehr Halt – 16 **obtenir qc** arriver à qc – 23 **au fur et à mesure que** *ici :* je weiter

Il fit quelques pas de côté avec l'air dramatique du danseur argentin.

– Tu danses ?

Il invitait Clara. La jeune femme eut un rire gêné, mais elle s'accola à Fifi. Comme elle portait toujours ses talons aiguilles, Fifi lui arrivait à la poitrine. Louis ne savait plus où poser le regard pour éviter ce spectacle ridicule.

Garance passait déjà le bras autour de la taille de Louis pour danser avec lui, quand la porte se mit à sonner.

– Eh bien, y a de l'ambiance, fit une voix un peu inquiète.

– Fifi, baissez la radio ! cria la patronne. Vous venez pour le coup de peigne*, mademoiselle Rapoport ?

À dix-huit heures, madame Maïté permit à Garance de s'en aller. Fifi l'accompagna jusqu'à la sortie en lui chantant : « Ce soir, je serai la plus belle pour aller danser… »

– Vous pouvez rentrer aussi, Louis, proposa madame Maïté. Il ne va plus se passer grand-chose, maintenant.

Mais Louis refusa. Tant pis pour *Charmed*. Il souhaitait faire la fermeture.

À 19 h 30, on décida de fermer le salon. Louis alla chercher les manteaux au vestiaire. Quand il revint les bras chargés, il faillit tout laisser tomber sur le carrelage. Fifi manœuvrait le fauteuil de madame Maïté. C'était un fauteuil roulant qui restait tout le jour bien encastré dans le comptoir. Clara tira une portière en tissu qui cachait une ouverture dans le

---

5 **s'accoler à qn** sich an jdn klammern – 7 **la poitrine** Brust – 24 **tant pis pour** *Charmed* dann eben kein *Charmed* – 28 **faillir faire qc** fast etw tun – 31 **encastré, encastrée dans qc** *ici :* dicht an etw herangeschoben – 32 **un tissu** Stoff

mur. Madame Maïté habitait la maison à côté du salon.

– Qu'est-ce qui vous arrive, Louis ? demanda la patronne.

5 Le garçon la regardait avec des yeux épouvantés.

– Vous n'étiez pas au courant ?

– Non… je… non.

– Accident de voiture, dit-elle. Bonne nuit, Louis. N'oubliez pas le gel coiffant.

10 Fifi reconduisit Louis jusque chez lui, rue de Bourgogne. Il avait envie de parler de madame Maïté. Les faits remontaient à une dizaine d'années. Madame Maïté tenait alors un salon plus modeste à Saint-Jean-de-Braye, dans la banlieue d'Orléans.

15 L'accident de voiture lui avait tout pris, ses jambes, son fils, son mari. L'argent de l'assurance lui avait permis d'acheter ce salon en centre-ville et la maison d'à côté. Tous les matins, Térésa, la femme de ménage, venait s'occuper d'elle et l'installer

20 derrière son comptoir. Le soir, Fifi ou Clara faisaient la manœuvre inverse. Jamais madame Maïté ne parlait de son accident.

Fifi laissa Louis devant sa porte. Le garçon grimpa les étages quatre à quatre, pensant à Clara et son

25 coquard, à madame Maïté et son fauteuil roulant, à Garance et le tango argentin.

Ce soir-là, il montra à Floriane comment faire des tresses afro à Barbie Raiponce.

---

5 **épouvanté, épouvantée** effrayé – 6 **être au courant** savoir – 12 **un fait** *ici :* ce qui s'est passé – 12 **remonter** *ici :* se passer – 16 **une assurance** Versicherung – 21 **inverse** umgekehrt – 25 **un coquard** *fam* un œil tout bleu

# 5

## Vendredi 24

Le quatrième jour de son stage, Louis s'aperçut qu'il avait encore beaucoup de choses à apprendre de la vie.

– On a un mariage aujourd'hui, lui annonça madame Maïté avec une certaine satisfaction.

– Qui ? fit Louis en songeant à Clara.

– La mariée et la belle-mère. Heureusement, pas en même temps.

Louis ne comprit pas l'allusion et alla se mettre en tenue. Il avait hâte de revoir Garance. Bien sûr, elle arriva en retard.

– Ne me parle pas du fonctionnement du tramway, dit madame Maïté.

Garance se mordilla les lèvres pour ne pas rigoler et alla trouver Louis au vestiaire.

– Alors, c'était bien ? lui demanda-t-il.

– Super, répondit-elle machinalement. Enfin, non, horrible.

– Ah bon ? Qu'est-ce qui s'est passé ?

– Rien. C'est juste mon copain qui a eu la bonne idée de se défoncer à la vodka. Et toi, c'était bien, ta soirée ?

Louis la récapitula en lui-même : il avait dîné en famille, il s'était douché, brossé les dents, il avait lu la moitié d'un *Spirou* et éteint à 22 h 15.

– Tranquille.

– T'as déjà embrassé une fille ? lui demanda Garance brusquement.

---

9 **une belle-mère** la mère du mari – 12 **avoir hâte** vouloir faire qc très vite, être impatient – 16 **se mordiller les lèvres** sich auf die Lippen beißen – 23 **se défoncer à la vodka** boire trop de wodka – 27 **Spirou** une série de bandes dessinées

– Non.

Louis n'eut pas le temps de regretter son aveu. Garance l'embrassait déjà. Il la repoussa.

– T'aimes pas les filles ou quoi ?

5 – Hein ? Mais si ! protesta Louis.

Il était au bord des larmes. Garance eut un sourire attendri.

– T'es trop, toi.

La belle-mère, madame Baradon, arriva à onze
10 heures.

– Bon, juste une couleur pour cacher les cheveux blancs, dit-elle à Clara. C'est pas moi qui *se marie* ! À quelle heure qu'elle vous a dit qu'elle venait, ma belle-fille ?

15 – Quatorze heures ! cria madame Maïté depuis son comptoir.

– Ben, ça m'étonnerait qu'elle *soye* à l'heure parce qu'elle a l'esthéticienne et la manucure avant. Vous savez pas qu'elle a le culot de dire qu'elle a trente-
20 deux ans ? Trente-deux ans !

Madame Baradon éclata de rire.

– J'ai vu les papiers pour la mairie. Quarante et un que ça lui fait ! Hein, c'était temps qu'elle *s'arrange les voitures* !

25 Louis avait envie de ne pas écouter. Mais Fifi était aux anges.

– Moi, dit-t-il, ça m'étonnerait pas que votre belle-fille se *soye* fait un lifting.

La mariée arriva après que la belle-mère eut
30 abandonné le terrain.

– Alors, prête pour le grand jour ? demanda Clara.

---

2 **un aveu** Eingeständnis – 7 **attendri, attendrie** gerührt – 19 **le culot** *fam* Dreistigkeit – 22 **une mairie** *ici :* Standesamt – 24 **s'arranger les voitures** *fam* unter die Haube kommen, solide werden – 26 **être aux anges** *ici :* s'amuser beaucoup

– Oh, je ne stresse pas, ma belle-mère s'occupe de tout. Elle m'a dit de ne penser qu'à me faire belle !

– C'est agréable, une belle-mère comme ça, fit semblant de s'extasier Fifi.

5 – Oui, j'ai de la chance, admit la cliente. Pas trop de frisettes*, Fifi, ça me vieillit…

En fin d'après-midi, Fifi reconduisit la future jusqu'à la sortie.

– Et en route pour le grand bonheur ! lança-t-il

10 gaiement.

Finalement, la clientèle ne se bousculait pas en ce vendredi après-midi.

– Ça sent la fin de mois, commenta la patronne.

Puis elle commença à se plaindre des charges

15 qu'elle avait et que ça ne devenait plus possible et qu'elle finirait par fermer. Louis l'écoutait avec une certaine inquiétude. Mais il s'aperçut bientôt que les autres s'en fichaient complètement.

– Alors, qui vient avec moi ce soir pour le défilé ?

20 demanda soudain Fifi.

Il y eut un silence.

– Répondez pas tous à la fois, dit Fifi, vexé.

– C'est quoi ? demanda Louis.

– C'est mon copain, Manfred. Il a créé des

25 vêtements et moi, je coiffe les mannequins. C'est dans une salle à l'Impromptu. Tu veux venir ?

Louis n'en voyait pas trop l'intérêt, mais il souhaitait faire plaisir au jeune coiffeur.

– Ouais, O.K., faut juste que je demande…

30 Louis allait ajouter « à mes parents », mais c'était son problème, pas celui de Fifi. Il abrégea :

– Donne-moi l'adresse. J'irai direct.

---

10 **gaiement** ≠ tristement – 14 **les charges** *fpl* Abgaben, Nebenkosten – 18 **se ficher de qc** *fam* se moquer de qc, être indifférent à qc – 31 **abréger** ne pas donner d'autres explications

– 20 rue du Bourdon-Bl... qu'est-ce que c'est que ça ?

La porte venait de s'ouvrir brutalement. Un type entra.

– Elle est là, l'autre ? dit-il à la patronne.

C'était une espèce de beau mec avec des piercings aux oreilles et un jogging jaune.

– De qui voulez-vous parler ? répondit madame Maïté, très sèche.

– Clara ! cria le type, en regardant vers la mezzanine. Tu descends ou je casse tout !

Louis comprit aussitôt que c'était le type qui avait frappé Clara. Il monta sur la première marche de l'escalier pour barrer le passage.

– Toi, je vais te péta, dit le voyou, qui faisait bien vingt centimètres de plus que lui. Allez, bouge !

– J'appelle la police ! s'écria madame Maïté.

– Toi, si tu fais ça, je fous le feu à ton fauteuil !

Fifi, surmontant sa terreur, se rapprocha de Louis. Il se mit sur la même marche. Garance sortit du vestiaire. Elle chercha des yeux un projectile.

– Descends ! hurla le type en s'avançant vers l'escalier.

Madame Maïté avait décroché son téléphone.

– Allô, le commissariat ?

Au même moment, une bombe de laque* traversa le salon et heurta le type à l'épaule. Pour laisser un souvenir, le voyou attrapa un tabouret et le jeta dans la vitrine des shampooings. Et il sortit en donnant un coup de pied dans la porte vitrée.

– Oh, mon Dieu, mon Dieu, fit madame Maïté.

---

6 **une espèce de** eine Art von – 6 **un mec** *fam* un homme – 7 **un jogging** un vêtement qu'on porte pour le sport – 9 **sec, sèche** *ici :* barsch, abweisend – 14 **barrer** fermer – 15 **péta** *verlan* taper – 15 **un voyou** Rowdy – 18 **foutre** *arg ici :* mettre – 19 **surmonter** überwinden – 24 **décrocher le téléphone** den Hörer abnehmen – 27 **heurter** toucher

Elle avait rapidement fait le compte de tout ce qui venait d'être cassé. Louis monta à l'étage.

– Il est parti !

La terreur agrandissait les yeux de Clara. Louis 5 répéta :

– Il est parti.

Clara descendit l'escalier et posa une main sur l'épaule de Fifi :

– Merci.

10 Elle s'approcha du comptoir.

– Je rembourserai. Mais je veux rester ici. C'est fini. Je le verrai plus. Je vous le promets. Vous… vous me garderez ?

– Et où veux-tu aller d'autre ? lui répondit la 15 patronne, le ton brusque. Là ?

Elle lui montra la rue.

– Et toi, bourrique, dit-elle en se tournant vers Garance, tu comprends pourquoi il faut avoir un métier et pas rater son tram, tous les matins ? 20 Gagner sa vie, c'est garder sa dignité.

La leçon de morale fit du bien à tout le monde. Fifi alluma Radio Vibrations.

– Au boulot, les gars !

En une demi-heure, tout était nettoyé.

25 Louis et Garance repartirent ensemble par les rues froides.

– C'était chaud, hein, ce soir ?

– Ouais.

Leurs mains se touchaient. Garance finit par 30 prendre celle de Louis. Puis la relâcha cinq pas plus loin.

– Au revoir.

– Au revoir.

---

11 **rembourser** *ici :* payer pour ce qui a été cassé – 17 **une bourrique** *fam* une personne stupide – 21 **faire du bien** être profitable – 23 **un boulot** *fam* un travail

# 6

## Le défilé de mode

– Au cinéma avec Ludovic ? répéta madame
Feyrières.
5  Louis avait décidé de faire simple.
– Vous allez voir quoi ? questionna Floriane,
jalouse.
– *James Bond.*
Madame Feyrières fit toutes les recommandations
10  d'usage, n'oublie pas ton portable, donne ton
blouson si on t'agresse et rentrez bien ensemble,
tous les deux. Louis répliquait alternativement :
« t'inquiète » et « c'est bon ».
Il eut un peu de mal à trouver l'entrée de
15  l'Impromptu au fond d'une cour, rue du Bourdon-
Blanc. Un pianiste mettait l'ambiance dans la salle
de spectacle et les gens formaient des groupes, les
amis de Manfred, les amis de Fifi et les copines des
mannequins. Louis se demandait de plus en plus
20  ce qu'il était venu faire là.
Puis les lumières s'éteignirent et le défilé
commença. Des mannequins blêmes, aux yeux
pochés, sortirent une à une et présentèrent sur
l'estrade leurs longs corps osseux. Elles semblaient
25  avoir été coiffées par un psychopathe, franges
coupées au cutter ou mèches se dressant comme
des serpents sur la tête.
Louis se sentait mal à l'aise. Pour lui, un défilé
de mode, c'était une ronde de Barbie Raiponce,

---

9 **une recommandation** *ici :* Ermahnung – 10 **d'usage** normal, ordinaire – 23 **aux yeux
pochés** mit Tränensäcken unter den Augen – 24 **une estrade** *ici :* Laufsteg – 24 **osseux,
osseuse** → un os – 26 **un cutter** *anglais* un instrument avec lequel on coupe le papier,
le carton etc. – 27 **un serpent** Schlange – 28 **se sentir mal a l'aise** ≠ se sentir bien

blondes, roses et satinées. Les mannequins étaient vêtues de matériaux de récupération, carton, plastique, papier kraft ou alu. Elles furent bientôt une dizaine sur l'estrade. Et soudain, Louis s'enthousiasma. Les lumières et les sons, les formes et les matières prenaient sens sous ses yeux. Il ne voyait plus comme au début des morceaux de carton agrafés ou un rideau de douche déchiré en lambeaux. Il voyait des magiciennes. Et c'était beau.

À la fin du défilé, le créateur vint saluer le public au milieu de ses modèles. C'était un jeune homme aux bras et jambes longs et désenchanté. Il fit signe à Fifi de venir le rejoindre, mais le jeune coiffeur refusa d'un signe de la main. Lorsqu'il s'éloigna vers la coulisse, Manfred dut s'appuyer sur un des mannequins pour marcher.

Fifi reconduisit Louis rue de Bourgogne. Ils ne dirent pas un mot du défilé. Rien sur Manfred. Fifi était discret. Louis aussi. Ils parlèrent de football.

Quand Louis entra chez lui, son père était déjà au lit, mais sa mère semblait l'attendre au salon.

– Ludovic a appelé, dit-elle.

– Ah oui ?

Louis comprit pourquoi sa mère était restée au salon et il rougit.

– Où tu étais ?

– Au cinéma, s'entêta Louis.

– Avec qui ?

– Avec… avec Fifi.

– Fifi ? C'est qui, ça ?

---

1 **satiné, satinée** comme du satin – 2 **les matériaux** *mpl* **de récupération** *f* Recyclingmaterialien – 3 **le papier kraft** le papier solide pour envelopper des paquets – 6 **prendre sens** Bedeutung erhalten – 7 **un morceau** une partie – 8 **agrafé, agrafée** zusammengeheftet – 8 **un rideau de douche** Duschvorhang – 8 **déchirer** zerreißen – 9 **un lambeau** Fetzen – 9 **une magicienne** une personne qui semble avoir une force magique – 13 **désenchanté, désenchantée** qui n'a plus d'illusions – 28 **s'entêter** beharren

– C'est l'apprentie.

Il fut content de sa trouvaille.

– Pas Clara, la coiffeuse. L'apprentie. De son vrai nom, c'est Philippine. Mais tout le monde dit Fifi.

5   Sa mère le regarda, un peu gênée par ce petit garçon qui devenait grand. Avec des prénoms de fille dans la bouche.

– Tu aurais pu me le dire, j'aurais eu l'air moins bête avec les Janson, tout à l'heure.

10  Elle avait envie de poser les questions d'usage : elle a quel âge, elle est jolie, elle te plaît ? Louis prit les devants :

– Bon, je vais me coucher. Je travaille demain.

---

2 **une trouvaille** *ici :* une bonne idée – 12 **prendre les devants** *mpl* jdm zuvorkommen

# 7

## Samedi 25

Louis était levé, lavé, coiffé de plus en plus tôt. Il commençait son dernier jour de stage comme si c'était le premier de sa carrière. Il était excité à l'idée de retrouver Garance, Clara, Fifi, les odeurs du salon, le bruit du carillon, celui du tiroir-caisse, les yeux qui se croisaient dans les miroirs et le sourire des clientes quand elles se découvraient métamorphosées.

– Mais où est-ce qu'il va comme ça, un samedi ? s'étonna monsieur Feyrières.

– Son stage, répondit sa femme.

– C'est pas encore fini, ce truc ?

Il n'était pas neuf heures quand Louis arriva rue de la Cerche. Il s'approcha de la vitrine et aperçut madame Maïté à son comptoir, en conversation avec la femme de ménage. Il eut envie de frapper à la porte pour dire bonjour. Mais la patronne l'intimidait. Ce fut la femme de ménage qui aperçut le garçon. Elle le désigna de la main à madame Maïté, puis vint lui ouvrir.

– En voilà un qui est à l'heure, l'accueillit la patronne.

Le salon se présenta gris et froid à Louis, les odeurs des shampooings répandus la veille étaient devenues désagréables, madame Maïté avait vieilli. Sur le comptoir, il y avait une photo que la patronne venait de sortir de son portefeuille. La photo d'un adolescent.

– Eh oui, dit Térésa, chacun a ses malheurs.

6 **une odeur** Geruch – 20 **intimider** → timide – 26 **répandre** mettre partout

Elle soupira puis s'éloigna.

– Je vais faire les vécés.

D'une main tremblante, madame Maïté reprit la photo et la rangea dans son portefeuille.

5 – Le malheur, ça se partage pas, dit-elle à mi-voix, comme si elle se reprochait d'avoir sorti la photo de son fils.

Elle vit Louis et lui ordonna :

– Rangez donc les magazines qui traînent. Il y a 10 toujours quelque chose à faire quand on veut se rendre utile.

– C'est clair, approuva le garçon.

Madame Maïté haussa les sourcils. Louis la surprenait. Finalement, il était serviable, dégourdi 15 et tranquille. Fifi disait qu'il était doué pour la coiffure. Pourquoi pas ? Madame Maïté le suivit un instant du regard.

– Vous aimez l'école, Louis ?

Il était en train de ramasser un *Figaro madame* 20 glissé sous un fauteuil. Il se redressa.

– Non.

Il chercha comment adoucir sa réponse, mais il ne trouva pas. C'était non.

Vers onze heures, Louis eut une jolie surprise. 25 Bonne-Maman entra au salon. Elle avait rendez-vous avec Clara.

– Vestiaire, Louis, plaisanta madame Maïté.

Mais le garçon prit la chose au sérieux. Il débarrassa sa grand-mère et lui passa la blouse. Puis 30 il demanda la permission de faire le shampooing.

Quand Clara commença la mise en plis, Louis s'assit sur le tabouret.

---

13 **hausser les sourcils** [sursi] *mpl* die Augenbrauen hochziehen – 14 **serviable** hilfsbereit – 14 **dégourdi, dégourdie** *ici :* aufgeweckt – 22 **adoucir** abschwächen

– Tu ne t'es pas trop ennuyé ici ? demanda Bonne-Maman.

Louis avait tant à dire qu'il ne savait par quoi commencer.

5 – Plus qu'un jour à tenir, ajouta Bonne-Maman. Après, t'auras les vacances pour te reposer.

Oui, plus qu'un jour. C'était urgent de parler. Parle, Louis. Maintenant.

– Ça me plaît, dit-il.

10 – Quoi donc, mon chéri ?

– Ici.

– Il y a une bonne ambiance, hein ?

– Non. Enfin si, balbutia Louis. Mais c'est pas ça... Je veux dire... La coiffure. Il paraît que c'est 15 pas des études si faciles. Il y a le CAP et le brevet professionnel après. Fifi m'a expliqué.

Louis faisait craquer ses doigts tout en parlant. Bonne-Maman écoutait, hésitant à comprendre.

– Tu veux dire que ça t'intéresserait de... Tu 20 voudrais faire coiffure ?

– Je vous laisse deux minutes, chuchota Clara. Une tasse de thé ?

Bonne-Maman accepta. Louis gardait la tête baissée. Il fallait l'aider. L'aider à parler.

25 – C'est les ratés qui font coiffure !

– Mais non, Louis, c'est ceux qui aiment ça.

– C'est un travail manuel.

– Mais ça veut dire quoi, ça, « travail manuel » ? se révolta Bonne-Maman. Un chirurgien, c'est un 30 travailleur manuel, et un sculpteur et un dentiste, avec quoi ils travaillent ?

Louis cessa de faire craquer ses doigts.

– Je veux faire quelque chose avec mes mains.

---

5 **tenir** *ici* : durchhalten – 24 **baissé, baissée** ≠ levé, levée – 25 **un raté** qn qui n'a pas de succès, qn qui n'est pas intelligent

Il sourit à son reflet dans le miroir. Voilà, il l'avait dit.

– Votre thé !

Clara posa la tasse devant sa cliente et ajouta :

5 – Excuse-moi, Louis, je crois qu'on a besoin de toi.

– Va, mon grand, lui dit Bonne-Maman. Et toi, si tu as besoin de moi, tu sais où me trouver…

Le samedi passa vite, si vite. Louis aurait voulu
10 retenir le temps. Il n'en pouvait plus de fatigue, la semaine avait été trop dure pour ses quatorze ans. Mais chaque heure qui passait l'éloignait un peu plus de *Maïté Coiffure*. Déjà, il lui semblait devenir étranger aux autres. Clara et Fifi faisaient des
15 signes dans son dos. Garance ne l'avait pas attendu pour faire les courses à midi. Mardi prochain, ils l'auraient oublié.

À vingt heures quinze, ce fut la fermeture. Louis alla chercher les manteaux. Dernier rituel du
20 dernier jour.

– C'est bien, Louis. Posez tout ça.

Ils étaient là tous les quatre, lui barrant presque la sortie, Clara, Fifi, Garance et madame Maïté dans son fauteuil roulant.

25 – On a quelque chose pour toi, dit Clara.

Garance s'approcha de Louis et lui tendit un paquet. Louis se sentit rougir jusqu'aux yeux. Il ouvrit le paquet.

– Des ciseaux !

30 Les mêmes que les ciseaux voltigeurs de Fifi. Louis les fit claquer deux fois.

– Passe, dit Fifi. Je vais te montrer comment font les hommes, les vrais.

Il attrapa sa propre paire de ciseaux et ceux qu'on venait d'offrir à Louis. Il les fit virevolter autour de ses index, les croisa sous le nez de Garance, tira sur madame Maïté, pan, pan, et fit semblant de les rengainer comme deux revolvers. Enfin, il tendit l'une des paires à Louis. Mais, cette fois, c'étaient ses ciseaux. Louis et Fifi échangèrent un sourire de complicité.

– Bon… Je vous fais la bise ?

Louis embrassa tout le monde et Garance en dernier. Pas sur les joues, pas sur les lèvres, mais au coin de la bouche.

– Tchô, ce dragueur, se moqua Fifi en lui donnant une tape sur la tête.

Ils étaient tous à deux doigts de pleurer. Louis s'était fait sa place à *Maïté Coiffure*. Il allait manquer.

– Eh bien, j'y vais, murmura Louis. Je passerai vous montrer mon rapport de stage…

Il posa la main sur la porte. Parle, Louis. Maintenant.

– Peut-être je pourrais venir aider le mercredi ? dit-il en regardant vers la rue.

Puis, il se retourna vers madame Maïté.

– Peut-être je pourrais venir aussi le samedi ?

– Tu reviens quand tu veux, lui dit la patronne.

Et soudain, les larmes coulèrent. Louis détourna le regard. Il ouvrit la porte en grand et partit en courant. Amoureux. Il était amoureux. De Garance, Clara, Fifi et madame Maïté. Amoureux de *Maïté Coiffure*. Il se répétait : « Tu reviens quand tu veux »,

---

1 **passer** *ici :* donner – 7 **rengainer** wieder in die Scheide stecken – 15 **un dragueur** *fam* un Don Juan – 21 **un rapport** un texte dans lequel on raconte ce qu'on a fait

« tu reviens quand tu veux », et le « tu » chantait dans sa tête.

Ce soir-là, à table, madame Feyrières demanda à son fils comment son stage s'était terminé.

5 – Bien, dit-il.

Puis ses yeux se posèrent sur les cheveux de sa mère et il n'y tint plus :

– Tu devrais te faire un balayage mèches-foncées, mèches-claires*. Look surfeur* un peu. Avec une

10 frange déstructurée.

Monsieur Feyrières eut l'impression que le plafonnier lui tombait sur la tête.

– Louis, maintenant, il sait plein de trucs, remarqua Floriane.

15 – Plein de trucs qui ne servent à rien, se ressaisit monsieur Feyrières. « Look surfeur », c'est du français, ça ?

Louis regarda douloureusement son père. C'était comme si on lui enfonçait un clou dans le cœur.

---

12 **un plafonnier** Deckenleuchte – 15 **se ressaisir** sich wieder fangen – 19 **enfoncer un clou** einen Nagel einschlagen

# 8

## Toussaint

Tous les mercredis, Louis faisait du tennis avec Ludovic, et Floriane du poney avec Mélissa. Louis avait demandé à faire du taekwondo et sa sœur du rock acrobatique, mais monsieur Feyrières avait dit : « C'est n'importe quoi. » Par malchance, le club de tennis proposait des stages pendant les petites vacances scolaires et Louis y était inscrit. Il pensa d'abord à prétendre qu'il devait lire *Les Misérables* pour la rentrée. Finalement, le lundi soir, il dit :

– Y a du racket dans les vestiaires.

Madame Feyrières paniqua. Elle allait appeler le directeur du club et prévenir les Janson.

– Mais c'est bon, coupa Louis.

Il s'éloigna, le dos rond, découragé. Puis il revint sur ses pas :

– Je veux pas y aller, mercredi.

– Ils t'ont dit qu'ils t'attendraient ? Louis, il faut les dénoncer. Le racket, c'est dangereux.

– Mais ça va, s'impatienta Louis. J'ai juste envie de voir ma copine.

Il avait lâché le mot au hasard.

– Ta copine ? Ah, oui, l'apprentie. C'est comment déjà, son petit nom ?

– Fifi.

– Et qu'est-ce que… qu'est-ce que vous voulez faire mercredi ?

Madame Feyrières avait pris un ton enjoué.

– Voir un film.

---

9 **être inscrit, inscrite** être sur la liste pour participer – 10 *Les Misérables* un roman par Victor Hugo – 12 **le racket** *anglais* Erpressung mit Gewaltanwendung – 23 **au hasard** sans réfléchir – 29 **enjoué, enjouée** ≠ triste

Cette fois-ci, sa mère voulut montrer qu'elle n'était pas dupe du plan cinéma.

– Un autre *James Bond* ?

– *'gneur d'z anneaux*, grommela Louis.

5 Il lui tourna le dos.

– Mais Louis…

Il avait quitté la pièce. Madame Feyrières soupira. Puis elle se demanda si elle ne devrait pas en savoir un peu plus long sur cette « Fifi ». Après tout, rien

10 ne lui interdisait de prendre un rendez-vous chez *Maïté Coiffure*.

Elle passa au salon le lendemain matin. Elle fut agréablement surprise. Clara était occupée. Ce fut le jeune coiffeur qui s'occupa d'elle :

15 – Qu'est-ce qui vous ferait plaisir ? Un thé, un café ?

– Non, rien, merci. Vous n'avez pas une petite apprentie ?

– Elle est en vacances. Vous la connaissez ?

20 Madame Feyrières parla vite d'autres choses.

– Je… j'aimerais changer de coiffure. Peut-être faire quelque chose de plus…

– Jeune ? proposa Fifi.

– Oui, des mèches, s'enhardit madame Feyrières.

25 Vous savez ? Le look surfeur…

« Oh, là, elle se lâche, la bourgeoise », songea Fifi.

– Avec… avec une frange déstructurée ? ajouta madame Feyrières en interrogeant Fifi dans le miroir.

30 – On va y aller progressivement, la tranquillisa Fifi.

---

2 **être dupe** croire qc qui n'est pas vrai – 24 **s'enhardir** dire avec plus de courage – 26 **se lâcher** *ici :* locker werden – 26 **une bourgeoise** *ici : péj* brave Hausfrau

Deux heures plus tard, madame Feyrières s'admirait sous tous les angles. Une coupe sportive, comme brossée par le vent, avec des mèches claires.

– Bon, je vous laisse un pourboire pour votre
5 apprentie.

Elle précisa :

– C'est une amie de mon fils. Fifi.

« Là, elle déjante », songea Fifi.

– C'est moi, dit-il, Fifi l'apprentie, c'est moi.

10 Madame Feyrières hésita, puis se mit à rire. De l'humour gay, probablement.

Ce soir-là, monsieur Feyrières revint fort tard de l'hôpital. Sa femme l'avait attendu pour dîner.

– Qu'est-ce qui t'est arrivé ? s'écria-t-il.

15 Au ton de sa voix, on aurait pu penser que madame Feyrières avait le visage déformé par une poussée d'eczéma.

– Je suis allée chez le coiffeur.

– Je vois bien, s'agaça monsieur Feyrières. Mais
20 c'est quoi, ce… genre ?

Madame Feyrières sentit monter en elle une crise de colère.

– C'est pour changer, dit-elle.

– Tu étais très bien avant. Changer ! Tout le monde
25 veut changer. Quand les choses sont bien, ce n'est pas la peine. Tu n'avais pas besoin de changer, Véra.

Il croyait dire quelque chose d'aimable.

– Je ne m'appelle pas Véra ! cria sa femme, tout
30 à coup hors d'elle. Je m'appelle Véronique ! Mes parents ont voulu m'appeler comme ça !

---

4 **un pourboire** l'argent qu'on donne en plus du paiement – 8 **déjanter** *fam* devenir fou – 11 **gay** *fam anglais* homosexuel – 17 **une poussée d'eczéma** schlimmer Hautausschlag – 19 **s'agacer** ≠ se calmer – 30 **hors d'elle** très en colère

– Mais oui, mais je sais, balbutia monsieur Feyrières qui n'avait jamais vu sa femme dans cet état. Mais je t'ai toujours appelée Véra…

– Je me suis toujours appelée Véronique. Et c'était très bien. Tu n'avais pas besoin de changer !

– Mais c'est insensé, dit monsieur Feyrières.

– Je veux changer ! Je veux être moi !

Elle venait de quitter la salle à manger.

– C'est n'importe quoi, soupira monsieur Feyrières.

Le mercredi, tout de suite après le déjeuner, Louis alla vers la rue de la Cerche.

– Mais c'est notre Louis !

– Tiens ? Louis !

– Bonjour, Louis !

Il embrassa tout le monde. Il était de retour chez lui.

– Garance n'est pas là, lui dit madame Maïté. Elle est allée voir son père au Creusot. C'est elle que tu venais voir, hein ?

Louis rougit à peine.

– Non. Je viens travailler.

Sans un mot, Fifi lui tendit le balai.

– Bonjour, mademoiselle Rapoport, c'est pour le coup de peigne ?

La vieille demoiselle entra et regarda autour d'elle le salon désert.

– Eh bien, dites, c'est calme.

– M'en parlez pas, soupira la patronne. Ou ils n'ont plus un sou, ou ils sont tous partis à Hawaï.

Fifi et Clara paraissaient toujours aussi indifférents aux mauvaises affaires du salon. Mais

---

6 **insensé, insensée** ≠ raisonnable – 19 **Le Creusot** *une ville en Bourgogne* – 21 **à peine** presque pas – 30 **un sou** *ici :* de l'argent

Louis s'inquiéta. Comment attirer la clientèle ? Il regarda la vitrine de *Maïté Coiffure* et se fit la réflexion que tous les autres magasins fêtaient Halloween à grand renfort de citrouilles. Pourquoi
5 *Maïté Coiffure* n'en faisait-il pas la même chose ?

Louis profita de ce que les deux coiffeurs bavardaient avec mademoiselle Rapoport pour s'approcher du comptoir.

– Faudrait décorer la vitrine pour Halloween, dit-
10 il à la manière abrupte des timides.

– Halloween ? répéta madame Maïté.

Elle secoua la tête d'un air de désapprobation.

– Tu sais ce que c'est, la Toussaint, Louis ? C'est la fête des morts. Je sais pas si c'est quelque chose à
15 fêter. Mais moi, les citrouilles, j'ai pas le cœur à ça.

Louis savait ce qu'il y avait derrière ces mots. Mais il insista quand même :

– C'est pour que les gens regardent la vitrine.

Madame Maïté ouvrit son tiroir-caisse, tching,
20 cling, prit un billet de vingt euros, puis un deuxième après réflexion.

– Eh bien, vas-y, décore.

Louis commença par examiner les autres magasins du quartier, puis il acheta des branchages et une
25 citrouille chez le fleuriste, une fausse marmite en plastique et un chapeau de sorcière. Il fit quelques essais de décoration et fit tomber un présentoir* L'Oréal. Fifi, qui le regardait, les bras croisés, se mit à rire :

30 – Il nous fait une attraction vivante !

– Il n'y a que ceux qui font rien qui ne font pas de bêtises, gronda madame Maïté.

---

1 **attirer** *ici* : faire venir – 4 **à grand renfort de qc** en employant une grande quantité de qc – 4 **une citrouille** Kürbis – 12 **la désapprobation** ≠ l'accord – 13 **la Toussaint** Allerheiligen – 25 **un fleuriste** une personne qui vend des fleurs – 25 **une marmite** Kochtopf – 26 **une sorcière** Hexe

Fifi alla chercher un vieux mannequin dans le grenier, le coiffa de la perruque fauve et du chapeau de sorcière. Ils se mirent à décorer tous les deux et installèrent en vitrine un salon de coiffure pour
5  sorcières. La clientèle ne vint pas plus nombreuse, mais ils s'amusèrent bien. Au moment de quitter le salon, Louis prit discrètement quelques cartes *Maïté Coiffure* sur le comptoir. Il allait faire de la publicité.
10  – Bon, à samedi ! dit-il.
– C'est férié ! lui crièrent d'une seule voix Fifi et Clara.

---

2 **un grenier** Speicher – 2 **fauve** *ici :* rouge – 11 **férié, fériée** fermé parce qu'il y a un jour de fête

# 9

## Férié

Deux jours de congé consécutifs, c'était exceptionnel pour monsieur Feyrières dont le surmenage était le pain quotidien. Comme un bonheur ne vient jamais seul, les Janson avaient invité les Feyrières pour le samedi soir.

– Mais on va faire quoi ? se lamenta Louis.

Ce samedi, monsieur Feyrières était de très bonne humeur. Floriane était venue lui montrer son cahier de contrôles. Que des 10. Monsieur Feyrières, que le caractère introverti de Louis agaçait, était très fier de sa cadette.

Il changeait de chemise tout en fredonnant lorsque sa femme entra dans la chambre. Il la regarda et sa bonne humeur diminua.

– Tu… tu vas garder ce… cette…

Il désignait la nouvelle coupe de cheveux. Il avait peur d'une réflexion ironique de Nadine Janson. Madame Feyrières eut envie de mordre, mais ne répondit rien.

– Tu as vu les notes de Floriane ? dit-il encore. Elle a tout pour elle, cette gosse. Jolie, intelligente. Et du caractère.

Il fit son nœud de cravate devant le miroir et constata à quel point Floriane lui ressemblait. Louis tenait de sa mère. Gentil visage, mais, comment dire ? Fade.

---

3 **un congé** de courtes vacances pour les gens qui travaillent – 3 **consécutif, consécutive** sans interruption – 5 **le surmenage** la fatigue pour avoir trop travaillé – 5 **quotidien, quotidienne** de tous les jours – 10 **de bonne humeur** ≠ triste – 11 **un cahier de contrôles** un cahier dans lequel on écrit tous les tests – 13 **la cadette** l'enfant la plus jeune – 20 **mordre qn** *ici* : jdm an den Hals gehen – 23 **une gosse** *fam* une enfant – 27 **tenir de qn** ressembler à qn

– Au fait, tu ne sais pas ? lui dit madame Feyrières. Louis a une petite copine.

Monsieur Feyrières eut l'air très surpris.

– Ah bon ? De sa classe ?

Madame Feyrières savoura ce moment. Son mari allait être encore plus surpris.

– Non, c'est la petite apprentie du salon de coiffure. Fifi.

– Qu'est-ce que tu racontes ? « Fifi » ? C'est n'importe quoi.

Il ne voulait pas accepter que ce fût possible.

– Si je te le dis, c'est que c'est vrai.

Monsieur Feyrières explosa.

– Et tu laisses faire ? Tu trouves ça bien ? « Petite copine », d'abord, ça veut dire quoi : « petite copine » ?

Madame Feyrières regretta alors d'avoir trahi Louis.

– Mais c'est rien. Il l'a invitée au cinéma. Ils ont vu *James Bond*. C'est pas une affaire d'État.

– Il n'est pas question qu'il la revoie.

– Eh bien, tu lui diras.

– Certainement.


Les Janson habitaient deux rues plus loin. Le chemin se fit à pied et en silence. Monsieur Feyrières observait son fils à la dérobée. Floriane avançait en sautillant sur une marelle imaginaire.

– Tu ne peux pas marcher normalement ? s'énerva son père.

Elle le regarda scandalisée. Il ne la grondait jamais.

– On va pas à un enterrement, lui répliqua-t-elle.

---

1 **au fait** à propos – 5 **savourer** *fig* avoir beaucoup de plaisir – 17 **trahir qn** ≠ garder le secret de qn – 21 **revoie** *subj du verbe voir* – 26 **à la dérobée** secrètement – 27 **une marelle** Himmel und Hölle (*jeu d'enfant*) – 32 **un enterrement** une cérémonie pour qn qui est mort

« Mais elle est insolente », pensa monsieur Feyrières. Ses enfants se tenaient mal, leur mère ne savait pas les élever. Toute sa bonne humeur avait disparu.

5 – Bonsoir, Brice !

Au fait, monsieur Feyrières s'appelait Brice. Il embrassa Nadine Janson sur les deux joues.

– Mais qu'est-ce que tu as fait à tes cheveux, Véra ? s'étonna Nadine.

10 – Il ne faut pas l'appeler Véra, ironisa son mari. C'est Véronique, maintenant.

– Ça n'est pas « maintenant ». C'est depuis ma naissance.

L'échange entre les époux Feyrières avait été très 15 brusque. Les Janson s'entreregardèrent, amusés.

– Allez jouer, les enfants, les encouragea monsieur Janson.

Ludovic et Louis se dévisageaient. Mélissa suçait son pouce. Sa mère lui tapa sur la main.

20 – Arrête avec ça. Va jouer avec Floriane.

L'air était électrique.

– Je t'ai montré mes autographes ? se décida Ludovic. J'ai pas que celui de Jennifer. Y a Zazie qui est passée. Et Juliette Binoche pour son film.

25 Louis le suivit dans sa chambre. Ludovic avait son PC, sa télé, son lecteur de DVD, toutes choses dont la possession personnelle était interdite à Louis. « Pas l'âge », estimait son père. Ludovic faisait l'important quand Louis était sur son territoire.

30 Il sortit son carnet d'autographes. Louis ne réagit pas.

– Et ton stage de coiffure ? T'as fait autre chose que des shampooings ?

---

1 **insolent, insolente** frech – 14 **les époux** *mpl* le mari et la femme – 18 **sucer** lutschen – 23 **Zazie** une chanteuse de pop française – 24 **Juliette Binoche** une vedette de cinéma – 26 **un lecteur de DVD** DVD-Player

– Je suis sorti avec l'apprentie. Tu vois qui je veux dire ? Garance.

Ludovic parut aussi étonné que l'avait été monsieur Feyrières.

5 – Mais… elle est vieille.

– Seize ans. Je suis allé voir *James Bond* avec elle.

– Et… tu l'as embrassée ?

Louis songea au baiser de Garance près du vestiaire.

10 – Bien sûr, dit-il d'un air de séducteur tranquille.

Ludovic rejeta son carnet d'autographes sur son bureau. Ça ne faisait pas le poids.

Dans la chambre voisine, Mélissa avait sorti ses Barbie.

15 – On n'a qu'à faire Barbie vétérinaire. Elle soignerait mes peluches.

Floriane, indécise, tripotait le jeu de la marchande.

– Ou on jouerait à la vendeuse, dit-elle.

20 – Je préfère Barbie.

– Ça serait Barbie la vendeuse. On ferait une boulangerie.

Mélissa prit sa Barbie « Belle au bois dormant » et se mit à la faire parler d'une voix stupide :

25 – Bonjour, monsieur prince charmant. Alors, c'est quoi ce que vous voulez ?

Elle attrapa Ken rockstar :

– Une baguette pas trop cuite, madame princesse.

30 Floriane passa à la contre-attaque :

– T'as qu'à sucer ton pouce. Je vais jouer toute seule.

---

8 **un baiser** Kuss – 10 **un séducteur** un homme qui attire les femmes par son charme – 12 **ne pas faire le poids** être inférieur, ne pas pouvoir rivaliser avec qc – 16 **une peluche** Stofftier – 17 **tripoter** toucher tout le temps – 18 **un jeu de la marchande** Kaufmannsladen – 23 **Belle au bois dormant** Dornröschen – 28 **cuit, cuite** *ici :* gebacken

– Eh bien, sors de MA chambre. C'est MES jouets !

Elles coururent toutes les deux vers le salon en hurlant « maman ! ». Les parents étaient en train de
5 prendre l'apéritif.

– Qu'est-ce qu'il y a ? s'écrièrent les deux mères d'une même voix.

– C'est Mélissa, elle se moque de moi.

– C'est Floriane, elle veut jouer que à ses jeux.

10 Madame Janson prit la situation en main :

– Et à quoi tu veux jouer, Floriane ?

– Elle veut jouer à Barbie boulangère, répondit Mélissa à sa place.

Madame Janson se moqua :

15 – C'est pas très glamour, ça, « Barbie boulangère ».

– Ma mère était boulangère, dit madame Feyrières d'une voix de fantôme.

Il y eut un silence. Puis Nadine reprit:

20 – De toute façon, on va dîner. Allez vous laver les mains, les filles.

Brice parla plusieurs fois de sa fatigue pendant le repas, et comme les filles se faisaient la tête et que les garçons s'ignoraient, la soirée ne s'éternisa
25 pas. Les Feyrières revinrent chez eux de mauvaise humeur.

– Louis, j'ai quelque chose à te dire.

– Maintenant ?

Il était plus de minuit. Monsieur Feyrières hocha
30 la tête. Ils entrèrent tous deux dans la chambre de Louis.

---

2 **un jouet** qc pour jouer avec – 15 **glamour** *anglais* glamourös, zu der Welt des Glanzes und Glitters gehörend – 23 **se faire la tête** ne pas se parler parce qu'on est vexé – 24 **s'éterniser** durer très longtemps – 30 **hocher la tête** nicken

– Ta mère m'a dit que tu fréquentais?

Louis se sentit rougir et fit craquer ses doigts.

– Et alors ?

– C'est l'apprentie du salon de coiffure, c'est ça ?

5 – Oui.

– « Fifi », prononça monsieur Feyrières du bout des lèvres. Alors écoute-moi, Louis. C'est peut-être une personne très sympathique et… une jolie fille ?

Il interrogeait son fils, les sourcils levés. Mais
10 Louis ne réagit pas. Il vint à monsieur Feyrières l'envie de le secouer par les épaules. Il mit les mains dans ses poches.

– Mais nous ne sommes pas du même milieu. Je n'ai rien contre les coiffeuses…

15 Monsieur Feyrières s'écoutait parler.

– Il y a des gens valables, partout. Simplement, nous avons une autre culture, d'autres valeurs. Bref… Je ne veux pas que tu fréquentes cette « Fifi ».

20 – Je ne dois plus sortir avec Fifi ? se fit préciser Louis avec un mystérieux sourire.

– C'est ça.

– D'accord.

Son père le regarda, très surpris.

25 – Tu me donnes ta parole ?

– Oui.

Le problème était réglé. Mais monsieur Feyrières était déçu.

– Bonne nuit, Louis.

30 Aucun caractère, ce gamin. À présent qu'il avait repris le contrôle de la situation avec son fils, Brice

---

1 **fréquenter** *ici :* sortir avec une jeune fille – 16 **valable** *ici :* qui a des qualités – 17 **une valeur** Wert(vorstellung) – 20 **préciser** *ici :* répéter pour être sûr

allait devoir s'expliquer avec sa femme. Elle était déjà au lit, feuilletant un magazine.

– Tu avais besoin de parler de ta mère boulangère aux Janson ? commença-t-il brusquement.

5 – C'est une tare ?

La colère lui faisait la voix brève.

– Il ne faut pas me faire dire ce que je ne dis pas. Il n'y a pas de honte à être boulangère ou coiffeuse. Simplement, les Janson n'avaient pas à le savoir. Tu 10 sais bien comment ils sont…

– Oui, ce sont des abrutis.

– Pardon ?

– Et je ne les reverrai plus.

Elle imita Nadine Janson :

15 – « Pas très glamour, Barbie boulangère »… Et qu'est-ce qu'elle fait de sa vie, elle, à part attendre que son mari rentre le soir ?

– Comme toi, observa monsieur Feyrières.

– Oui, eh bien, maintenant que les enfants sont 20 grands, je vais chercher du travail.

Elle venait de le décider à l'instant. Mais on aurait pu croire qu'elle y pensait depuis plusieurs mois.

– Toi ? Mais tu ne sais rien faire, remarqua son mari.

25 Ce n'était même pas dit méchamment.

5 **une tare** Makel

# 10

## Reprise

Louis fit des photocopies agrandies de la carte *Maïté Coiffure*. Il y ajouta une phrase au gros feutre noir :

*10% de remise sur présentation de ce bon.*

Puis il mit les prospectus sous les essuie-glaces des automobiles en allant au collège. Le mercredi, il fit semblant de partir à son club de tennis et arriva au salon avec sa raquette dans un sac de sport. Garance était revenue du Creusot.

– T'as repris le bahut ? lui demanda-t-elle.

– Oui. Mais je vais plus rien foutre. Comme ça, on m'orientera en fin d'année.

Garance approuva.

– Moi, je vais laisser tomber la coiffure, dit-elle. Je vais aller dans une école d'esthéticienne. Je fais très bien les massages. Tu veux que je te montre ?

Mais Fifi l'appela pour qu'elle rince* la permanente d'une cliente. Elle souffla dans le cou de Louis :

– Je te le ferai une autre fois.

Le garçon commençait à se croire vraiment le petit copain de Garance. Mais à la pause-café, elle parla de sa prochaine sortie en boîte avec l'amateur de vodka et Louis perdit ses illusions. Le salon avait

---

4 **un feutre** Filzschreiber – 6 **une remise** une réduction – 7 **un essuie-glace** Scheibenwischer – 10 **une raquette** Tennisschläger – 13 **foutre** *fam ici :* faire – 14 **orienter qn** jdn zur Berufsberatung schicken – 17 **une esthéticienne** Kosmetikerin – 25 **un amateur de qc** qn qui se passionne pour qc

repris son animation. Louis espérait que sa vitrine de Halloween et sa campagne de publicité y étaient pour quelque chose.

– Ils ont touché la paye, lui expliqua madame
5 Maïté. Tiens, bonjour, madame Grolot.

Une cliente était entrée et avec elle une odeur qui fit plisser le nez de Louis. Louis s'aperçut que Fifi et Clara s'échangeaient des petits signes de tête.

– Louis, vestiaire.

10 Louis prit le manteau de madame Grolot et eut un haut-le-corps. C'était la cliente, qui dégageait cette odeur abominable. Garance fit le shampooing en détournant parfois la tête pour avoir de l'air frais. Au bout de quelques instants, elle se précipita vers
15 le comptoir et chuchota, effarée :

– Elle a des poux.

Clara se dévoua. Elle fit un shampooing anti-poux* et remit un produit à madame Grolot en lui donnant quelques explications à mi-voix.
20 Sans manifester la moindre gêne, la dame paya le shampooing, le produit, et s'en alla. On ouvrit grand les fenêtres, on désinfecta le bac, on pulvérisa des parfums. « De l'air, de l'air », haletait Fifi. Le fou rire finit par gagner tout le monde. Madame Grolot ne
25 se lavait probablement jamais.

– Y a de ces tapées, commenta Garance. Mais c'est pire ce qui se passe dans les salons d'esthétique. J'ai une copine qui m'a raconté que, dans ces clients, elle a un mec…
30 – Tu peux garder ce genre d'histoires pour toi, l'interrompit Clara.

---

3 **y être pour quelque chose** aider à avoir un certain succès – 4 **toucher la paye** recevoir l'argent pour le travail qu'on a fait – 7 **plisser** *ici* : rümpfen – 11 **un °haut-le-corps** un sursaut – 11 **dégager** *ici* : verbreiten – 16 **un pou** Laus – 17 **se dévouer** prendre sur soi un travail désagréable – 20 **moindre** geringste – 22 **pulvériser** zerstäuben – 23 **haleter** nach Luft schnappen – 26 **une tapée** une folle – 27 **pire** ≠ moins grave

Le carillon tinta. C'était le colonel qui venait se faire raser.

– Fifi ! Pour vous ! appela madame Maïté.

Clara s'approcha de la porte vitrée et regarda les
5 gens qui rentraient chez eux. Soudain, elle se recula vivement, puis monta à l'étage. Louis s'approcha à son tour de la vitrine. Il reconnut l'homme. Il n'avait plus son jogging jaune. Mais c'était bien lui. Il tournait autour du salon.

10 Louis pensa rejoindre Clara sur la mezzanine, mais, arrivé en haut de l'escalier, il l'entendit qui parlait à Fifi :

– J'ai changé de numéro de portable, j'ouvre ma porte à personne, je prends plus les petites rues.
15 Philippe, j'en peux plus.

– Préviens la police.

– Et tu crois qu'ils vont me payer un garde du corps ?

Louis redescendit l'escalier. Il était perturbé.

20 – C'est peut-être temps que tu rentres ? lui proposa madame Maïté.

Il s'approcha du comptoir :

– Le type qui a tout cassé l'autre jour, il est dehors. Il continue d'embêter Clara, je crois.

25 La patronne vit que le garçon prenait l'histoire très à cœur.

– Tu as bien fait de m'en parler, Louis. Je vais m'en occuper. Ne te fais pas de soucis. À samedi ?

Louis ne savait absolument pas quel mensonge il
30 pourrait trouver pour se libérer.

– À samedi, répondit-il.

---

18 **un garde du corps** une personne qui accompagne et protège une autre –
19 **perturbé, perturbée** troublé, troublée – 24 **embêter** *fam* belästigen – 28 **un souci** une inquiétude – 29 **le mensonge** → mentir – 30 **se libérer** sich freimachen

Une fois dehors, il inspecta les alentours. L'homme avait disparu.

Quand il rentra, sa mère et sa sœur regardaient la télévision dans le salon. Louis avait prétexté des
5 recherches à faire à la médiathèque pour revenir plus tard.

– Tu sens super-bon, nota Floriane.

Il sentait tous les parfums qu'ils avaient dû pulvériser après le départ de madame Grolot.

10 – … prendre une douche, marmonna-t-il.

Madame Feyrières n'était pas dupe. La médiathèque n'était pas si parfumée. Louis avait passé l'après-midi avec sa petite amie. Curieusement, elle en était presque fière.

15 Au dîner, madame Feyrières annonça aux enfants qu'à la prochaine rentrée des classes elle reprendrait ses études d'infirmière et que, d'ici là, elle ferait un stage de secourisme.

– Ouais, ouais, ouais, l'approuva Floriane.

20 – Et toi, Louis, tu penses que c'est une bonne idée ?

– Carrément.

– J'ai le droit d'émettre un avis ? fit M. Feyrières, à peine ironique. Tu as abandonné il y a longtemps et
25 tu risques d'avoir du mal à t'y remettre. Ce ne sont pas des études aussi faciles qu'on le pense.

Louis sursauta :

– C'est comme la coiffure.

– Non, ça n'a rien à voir. La coiffure, c'est pour les
30 analphabètes.

---

1 **les alentours** *mpl* Gegend – 5 **une médiathèque** une bibliothèque qui a aussi des CD, des DVD, des films etc. – 18 **le secourisme** Erste Hilfe – 22 **carrément** absolument – 23 **émettre** exprimer

Au collège, le professeur de mathématiques s'alarma des notes de Louis. Il connaissait monsieur Feyrières, qui avait opéré et sauvé sa femme après un accouchement dramatique. Il fit venir Louis à
5 son bureau pendant un interclasse.

– Ça ne va pas du tout, lui dit-il, le ton plutôt amical. Vous ne faites plus aucun effort. Il faut vous reprendre. Ou ce sera le redoublement. Et encore… Pour redoubler, il faut être motivé. Autrement, c'est
10 l'orientation.

Louis se contenta de hocher la tête en regardant ses baskets. Sa seule ambition concernait la reprise des affaires chez *Maïté Coiffure*. Il continuait de mettre ses petits papiers sur les pare-brise. Il eut
15 même l'imprudence, ce soir-là, d'en décorer toutes les voitures de sa rue.

Le lendemain matin, en se rendant à son garage, monsieur Feyrières remarqua le prospectus glissé derrière tous les essuie-glaces. Le nom de *Maïté*
20 *Coiffure* accrocha son regard. C'était le salon de coiffure où Louis avait fait son stage. Le salon de la fameuse Fifi. Monsieur Feyrières s'arrêta, prit le prospectus et le mit dans sa poche.

---

4 **un accouchement** l'action de mettre au monde un bébé – 5 **un interclasse** le moment entre deux cours – 8 **un redoublement** le fait de ne pas passer dans la classe supérieure – 14 **le pare-brise** Windschutzscheibe – 15 **l'imprudence** *f ici :* la folie

## 11

### En grève

Le samedi, Louis vécut l'enfer. Monsieur Feyrières revint de l'hôpital pour déjeuner, ce qui était
5 exceptionnel. Bonne-Maman passa au café et resta jusqu'au thé. Louis ne trouva aucun prétexte pour s'en aller discrètement. Le lundi, il était au bord de la dépression. Le mardi, il se sentit incapable d'entrer au collège. Lentement, il fit demi-tour et
10 partit en courant. Il serait à l'heure de l'ouverture de *Maïté Coiffure*. Au cours du chemin, il inventa une fable, les profs seraient en grève…

– Une grève illimitée, précisa-t-il à madame Maïté. C'est à cause d'une fille de quatrième qui dit
15 que le prof de gym l'a… euh… pelotée, quoi, et le prof a été renvoyé, enfin, pas renvoyé, mais il doit passer devant une commission.

Louis mentait avec facilité.

– Donc, les profs ont décidé de se solidariser
20 avec lui parce que l'histoire de la fille, c'est bidon, je la connais. Le principal a dit qu'on peut venir au collège, mais y aura pas de cours d'assuré. Moi, j'aime plutôt venir ici.

– Ça tombe bien, dit la patronne, Garance a sa
25 semaine à l'école.

Louis sourit, tout content :

– Je la remplacerai.

Clara et Fifi crurent l'histoire de Louis. Ils y ajoutèrent même de nombreux commentaires sur

---

2 **une grève** un arrêt de travail pour protester contre qc – 3 **un enfer** ≠ un paradis –
13 **illimité, illimitée** dont on ne connaît pas la fin – 15 **peloter qn** *fam* caresser qn –
20 **bidon** *fam* faux – 21 **un principal** le directeur d'un collège – 22 **assuré** *ici :* garanti –
27 **remplacer qn** prendre la place de qn

tous ces jeunes qui mentent pour se donner de l'importance.

Ce jour-là, Clara apprit à Louis comment faire les chignons, et Fifi le laissa s'entraîner à la coupe
5   sur lui. C'était évident, Louis était doué. Il savait regarder et imiter. Les gestes passaient des mains de Clara aux siennes. Il maniait les ciseaux comme Fifi lui-même. Et il avait de la fantaisie. Il planta dans le chignon de Clara trois bâtons d'un mikado oublié
10  par un petit client, puis lui étira les yeux d'une longue ligne de khôl, faisant de la jeune femme une surprenante Chinoise blonde. Louis coupait, coiffait, maquillait avec une muette application. Ses mains ignoraient sa timidité.
15      Il n'imaginait plus d'autre vie. À la maison, il fit un chignon à sa sœur et lui coiffa ses poupées. Le soir, il lut la revue *Toute la coiffure* que Fifi lui avait donnée. Deux pages du magazine parlaient du défilé de Manfred à L'Impromptu. Louis ferma les
20  yeux. Un jour, leur pays serait le sien.

Le principe de réalité le rattrapa le lendemain. Le collège allait envoyer une lettre pour signaler son absence. Il fallait l'intercepter. Louis prit l'habitude de tirer le courrier de la boîte. La première lettre du
25  collège arriva le jeudi, la suivante le samedi. Elles finirent dans une poubelle de rue.

Au salon de coiffure, les clients commentaient la grève des profs du collège Charles-Péguy. Mademoiselle Rapoport comprenait tout à fait
30  l'attitude des enseignants. Madame Meynier, venue

---

7 **le sien, la sienne** seine, ihre – 7 **manier** handhaben, gebrauchen – 9 **un bâton** Stäbchen – 10 **étirer** rendre plus long – 11 **le khôl** un maquillage noir pour les yeux – 13 **muet, muette** silencieux – 13 **une application** Hingabe – 14 **ignorer** ≠ savoir, connaître – 23 **intercepter** abfangen – 24 **la boîte** ici : la boîte aux lettres (Briefkasten) – 26 **une poubelle** qc où on met tout ce qu'on veut jeter

faire recoiffer sa perruque, s'étonna de ce que *La République du Centre* n'en ait pas parlé.

Mais on s'inquiéta aussi des études de Louis.

– Parce que c'est bien gentil tout ça, dit madame
5 Maïté, mais il a le brevet à la fin de l'année.

Clara eut une idée :

– Louis, amène donc tes affaires au salon. On va te faire travailler. Moi, j'étais bonne en français à l'école. J'adorais lire !

10 – Moi, j'étais forte en maths, se souvint la patronne.

Fifi déclara avoir été nul en tout.

Louis apporta son sac à dos au salon, ce qui lui évita d'avoir à le cacher sous son lit. Clara se
15 plongea dans son manuel de français et fut assez déconcertée par le « schéma actanciel » et « le mode phatique ».

– Je m'en rappelais pas comme ça, dit-elle en refermant le bouquin. Moi, je me souviens d'une
20 histoire avec un monstre qui venait boire du lait, la nuit…

– *Le Horla*, la coupa Fifi. Le nulentout, il a aussi fait des études, ma vieille.

– C'est ça, *Le Horla* de Mérimée, compléta Clara,
25 toute contente de remettre la main sur sa culture classique.

– C'est pas plutôt de Zola ? interrogea Garance qui était passée au salon dire bonjour.

– Mais non, la corrigea madame Maïté, Zola, c'est
30 *Eugénie Grandet*.

2 **ait** *subj du verbe avoir* – 5 **un brevet** un certificat (*ici : à la fin de la troisième*) –
7 **amener** apporter – 16 **déconcerté, déconcertée** désorienté – 16 **le schéma actanciel**
les rôles des personnages dans un récit et leurs relations (Handlungsschema) – 17 **le
mode phatique** Kommunikationsfunktion – 19 **un bouquin** *fam* un livre – 22 **un
nulentout** (être) nul en tout – 23 **ma vieille** meine Liebe (*expression qui exprime
l'amitié*) – 24 **Prosper Mérimée** *un écrivain français (1803–1870)* – 25 **la culture**
Bildung – 27 **Émile Zola** *un écrivain français (1840–1902)*

Louis sentit que sa formation littéraire ne progresserait pas beaucoup chez *Maïté Coiffure*, et il perdit bientôt tous ses espoirs dans les compétences mathématiques de la patronne. Elle
5 ouvrit le manuel de maths, fronça les sourcils et soupira :

– C'est pas simple ce qu'on demande aux jeunes de maintenant.

Mais il se trouvait que madame Meynier, avant
10 sa maladie, avait été laborantine. Elle fit à Louis un cours de chimie que Clara compléta par une démonstration sur les teintures*. Elle sortit son bol et sa « touillette* » et prépara devant tout le monde le mélange pour mèches dorées avec une
15 poudre décolorante* et un oxydant* à 30%. Puis ce fut le cours d'histoire. Mademoiselle Rapoport, passionnée de biographies, raconta en détail la vie de Champollion, souvent interrompue par le colonel, dont le grand homme était Winston
20 Churchill. *Maïté Coiffure* était en train de devenir un haut lieu de la culture à Orléans.

– Bon, qui veut des mèches blondes ? demanda Clara, touillant toujours sa mixture.

Elle fixa son choix sur Louis, qui se retrouva
25 couvert de papillotes d'aluminium* avant d'avoir eu le temps de réfléchir aux conséquences.

– Tu passes au bac ?

Un frisson parcourut le dos de Louis lorsque la coiffeuse, ouvrant les papillotes, déclara d'un ton
30 satisfait :

– Elles ont bien pris*.

Il se laissa rincer, puis sécher les cheveux, entre angoisse et grand bonheur. Il aimait être entre les

---

1 **une formation** Ausbildung – 5 **un manuel** un livre scolaire – 18 **Champollion** *entzifferte ägyptische Hieroglyphen (1790–1832)* – 21 **un haut lieu** Hochburg – 24 **un choix** → choisir – 28 **un frisson** Schauer

mains de Clara, mais de temps en temps il levait les yeux vers le miroir.

– Ça te plaît ?

– Super, marmonna Louis.

5 Les larmes refoulées lui brûlaient les yeux. Qu'allait-il dire à ses parents ?

Il eut une inspiration au moment de quitter le salon. Près du comptoir, il y avait des bombes de produits colorants pour se faire des mèches 10 temporaires. C'était un article qui se vendait surtout pour le carnaval. Louis prit une des bombes sans demander la permission et courut jusque chez lui. Il savait qu'il avait un peu de temps devant lui, car sa mère prenait ses cours de secourisme en fin de 15 journée. Floriane restait chez une voisine jusqu'à l'heure du dîner.

Louis alla s'enfermer dans la salle de bains et mit un peu du produit colorant sur chaque mèche blonde. Il était rose. Dans sa tête, il avait inventé un 20 mensonge sophistiqué.

– Louis ! Louis ! l'appela sa mère au moment du dîner. Eh bien, quand même, la faim fait sortir le loup…

Elle ne put achever le proverbe. Louis était devant 25 elle.

– Oh là là, commenta sa petite sœur.

Monsieur Feyrières n'eut même pas la force d'en dire autant.

– Mais c'est quoi ? balbutia madame Feyrières.

30 – Hein ? mais c'est rien, bougonna Louis. C'est un copain qu'a amené ça au bahut pour rigoler. Ça s'en va au shampooing.

---

5 **refoulé, refoulée** qu'on ne veut pas montrer – 10 **temporaire** ≠ définitif – 23 **un loup** Wolf → Proverbe : La faim fait sortir le loup du bois. = Wenn man Hunger hat, kommt man aus dem Versteck.

– J'ai ça dans mon jeu de Barbie styliste, intervint Floriane. Mais je trouve que rose, c'est plus joli pour les filles que pour les garçons.

Monsieur Feyrières retrouva enfin la voix :

5 – Va te laver les cheveux immédiatement !

Louis quitta la salle à manger sans discuter. Il rinça les mèches roses et revint à table, l'air vexé :

– Mais c'est de la cochonnerie, ce produit. Ça décolore les cheveux.

10 – Moi, je trouve que c'est plus joli comme ça, dit Floriane.

Ce ne fut pas l'avis de monsieur Feyrières. Il abattit ses deux poings sur la table.

– Fous-moi le camp dans ta chambre, 15 immédiatement !

Louis s'allongea à plat ventre sur son lit. Des sanglots muets lui secouaient les épaules.

---

8 **une cochonnerie** *ici :* un produit de mauvaise qualité – 13 **abattre** schlagen – 13 **un poing** Faust – 14 **fous-moi le camp** *arg* verschwinde – 16 **à plat ventre** sur le ventre

## 12

## Plein emploi

– C'est de Maupassant !

Clara entra en brandissant *Le Horla*.

5 – Je l'ai relu, cette nuit. C'est super bien écrit, les descriptions et tout.

– Donne-le à Louis, dit Fifi. Il va le lire et nous faire le résumé par écrit.

Comme tous ceux qui, très tôt, étaient 10 malheureux à l'école, Fifi en avait gardé une image extrêmement rigide. Un livre, c'était pour faire des dictées et des résumés.

Il installa Louis à côté de la machine à café, avec un cahier et un stylo.

15 – À chaque fois qu'il y a un mot que tu comprends pas, tu le notes, et ce soir, tu le cherches dans le dictionnaire et tu l'apprends par cœur.

Louis jeta un regard accablé au jeune coiffeur. Heureusement, la journée du vendredi s'annonçait 20 animée. Clara était en train de consulter le registre des rendez-vous*.

– Tu connais ça, « Rodriguez », Fifi ?

– C'est la dame qui s'est refait les seins ?

– Non, vous confondez avec madame Hernandez, 25 celle qu'a son mari alcoolique, corrigea madame Maïté.

– Oh là là, monsieur Bonenfant à onze heures trente ! s'exclama Clara.

– Je te le laisse, ma vieille.

30 – C'est marqué pour toi, mon vieux.

---

4 **brandir** tenir très haut – 6 **une description** → décrire – 18 **accablé, accablée** niedergeschlagen – 23 **les seins** *mpl* Busen – 24 **confondre avec qc** mit etw verwechseln

– Qu'est-ce qu'il a de spécial ? demanda Louis.

En même temps, Fifi et Clara firent entendre une espèce de reniflement.

– Un tic, dit madame Maïté en essayant de ne pas rire.

Pour finir, il y avait du travail pour tout le monde et plusieurs noms de clients qui ne disaient rien à personne.

Madame Rodriguez arriva vers dix heures et se fit faire une permanente. Elle était du quartier, mais venait pour la première fois chez *Maïté Coiffure*. Au moment de payer, elle posa sur le comptoir le prospectus de Louis.

– J'ai les 10% de réduction, dit-elle.

– Les quoi ? sursauta madame Maïté.

Elle prit le papier et mit ses lunettes.

– J'espère que la promotion n'est pas terminée, fit la cliente, je suis venue pour ça. Autrement, j'ai mon coiffeur.

Louis avait écouté. Il était en train de lire *Le Horla*. Il posa son livre et s'avança vers la patronne.

– C'est moi.

– C'est toi ?

– C'est de la publicité.

Madame Maïté lança un regard vexé à Louis, calcula la réduction et prit l'argent sans un sourire.

– Tu veux m'expliquer ? dit-elle au garçon quand madame Rodriguez fut sortie.

Les lèvres de Louis tremblèrent. La patronne eut pitié de lui.

---

3 **un reniflement** Schnüffeln, Nase hochziehen – 17 **une promotion** *ici :* une période pendant laquelle on offre un produit moins cher

– Tu l'as probablement fait dans une bonne intention, Louis, mais tu aurais dû me demander la permission.

– C'est clair, souffla le garçon.

5 Madame Maïté reprit le papier, le relut et soupira.

– Tu en as fait beaucoup des comme ça ?

Louis hocha la tête. Tout son argent de poche y était passé. Un soupçon vint à la patronne. Elle reprit son registre : Darmon, Alibert, Pozzi… Tous

10 ces noms lui étaient inconnus. Le carillon tinta, aussitôt suivi d'un terrible reniflement.

– Bonjour, monsieur Bonenfant !

Louis, soulagé, alla faire un café au nouvel arrivant. Au cours de la journée, trois clientes

15 demandèrent les 10% de réduction. Vers dix-sept heures, Louis alla mettre son blouson au vestiaire. Il voulait s'en aller discrètement.

– Louis !

La patronne l'appelait. Il s'approcha, inquiet, son

20 sac sur l'épaule.

– On dirait que ça marche, ta publicité ?

Louis se permit de dire :

– Faudrait faire une carte de fidélité. Au bout de dix fois, la onzième, c'est gratuit.

25 – Louis…

Madame Maïté hochait la tête. Le garçon l'attendrissait.

– Tu lui ressembles, dit-elle. Tu veux que je te montre sa photo ?

30 – Oui.

Elle chercha en tremblant dans son sac à main et sortit la photo du portefeuille. C'était un adolescent au visage fin et grave.

– C'était comment son nom ?

8 **un soupçon** *ici :* une idée vague

– Étienne.

Louis chercha des mots, puis il renonça :

– Je sais pas quoi dire.

– J'aime mieux ça que des phrases toutes faites. Y a rien à dire.

Louis pleurait. Il sentit une main essuyer ses larmes.

– Tes parents ont de la chance. Rentre vite chez toi.

Louis alla jusqu'à la porte, puis se retourna :

– C'est ici chez moi.

À l'heure de la fermeture, madame Maïté demanda à ses jeunes employés :

– J'ai pensé à une chose pour le salon : si on faisait des cartes de fidélité ?

– Excellent, répondit Fifi.

Il ouvrit la porte de la maison voisine et laissa le passage à madame Maïté, que Clara poussait. La coiffeuse se pencha vers lui pour lui faire la bise :

– Bye, filou.

Elle poussa le fauteuil de sa patronne jusque dans la salle à manger. La table était mise et le dîner prêt.

– Je voulais vous prévenir, madame Maïté, je vais déménager.

– Vous ne vous plaisez plus où vous êtes ?

– C'est trop isolé.

Elle hésitait à se confier. Mais elle murmura tout de même :

– Il connaît mon adresse.

Madame Maïté hésita à son tour. Elle pouvait ignorer les problèmes de Clara. C'était son droit.

– Si vous n'avez pas encore fait votre choix, Clara, j'ai un étage au-dessus, que je n'occupe pas.

---

2 **renoncer à faire qc** ne plus faire d'effort pour faire qc – 4 **une phrase toute faite** stereotyper Satz

Elle s'était un peu forcée à le proposer.

– C'est très gentil, madame Maïté. En plus, je serai vraiment à côté de mon travail ! Et je vous paierai un loyer normal.

5 Clara acceptait très vite. Cela en disait long sur la peur dans laquelle elle vivait. Mais madame Maïté n'oubliait jamais ses intérêts. Si Clara habitait au-dessus de chez elle, elle pourrait lui rendre les quelques services que Térésa lui faisait payer très 10 cher. Quand les deux femmes se quittèrent, l'affaire était réglée.

Comme tous les autres jours, le salon de coiffure ouvrait à neuf heures, le samedi. Mais la clientèle n'arrivait pas souvent avant dix heures. C'était un 15 moment tranquille où chacun s'examinait dans les miroirs.

– T'as moins de boutons en ce moment, Philippe.

– J'ai changé de dermato.

Il était en train de mettre son fond de teint 20 correcteur.

– Tu devrais pas te tartiner comme ça. Ça bouche les pores de la peau.

Au début, Louis était gêné par Fifi et riait trop fort de ses particularités. Entretemps, il était habitué. 25 Clara lui remodela sa coiffure au gel tandis que Fifi, à côté d'eux, explorait une trousse de manucure*.

– Je vous refais les ongles, madame Maïté ? proposa-t-il pour s'occuper.

À *Maïté Coiffure*, le corps était manipulé, soigné, 30 embelli et son image reflétée par tout un jeu de miroirs. Louis apprenait à se connaître de dos, de

---

5 **en dire long sur qc** viel über etw aussagen – 17 **un bouton** Pickel – 18 **un dermato** un dermatologue (Hautarzt) – 21 **se tartiner** *fam fig ici :* mettre une couche importante de qc sur le visage – 21 **boucher** *ici :* fermer

face et de profil. Il savait qu'il avait tendance à se voûter et qu'il évitait le regard des adultes.

– Tiens, miss Garance ! s'exclama Fifi en entendant le carillon sonner.

5 Louis redressa les épaules. La jeune fille l'intimidait toujours, mais il ne voulait plus le montrer.

– C'est gentil de venir un samedi de congé. Elle ne peut vraiment plus se passer de nous, se moqua
10 Fifi.

Louis était le seul à ne pas avoir encore compris que Garance était amoureuse de lui.

---

2 **se voûter** gebeugt laufen

## 13

## Galère

Quand Louis n'était pas au salon, il prenait conscience de sa situation. Il ne pouvait pas
5 retourner au collège sans présenter un mot de ses parents. Il ne pouvait pas faire durer beaucoup plus longtemps la grève des professeurs. Il allait dans le mur.

La pensée qu'il n'avait plus d'autre solution que
10 la fugue ou le suicide l'occupa jusqu'à ce qu'il s'endormît.

– Louis ! Lève-toi ! Tu es en retard !

Il se redressa brusquement et toute la chambre se mit à tourner autour de lui. Il se traîna jusqu'à la
15 cuisine.

– Je suis pas bien, dit-il à sa mère.

Il n'avait ni fièvre ni rhume. De la fatigue, diagnostiqua madame Feyrières.

– Recouche-toi, je vais prévenir le collège.
20 – Non ! J'y vais.

– Mais tu dois te reposer.

– C'est bon. T'inquiète.

Dix minutes plus tard, Louis était dans la rue. Le temps était à la pluie. Il marcha au hasard, et
25 le hasard le conduisit devant la vitrine éteinte de *Maïté Coiffure*. Il posa les mains sur la porte. Il aurait voulu qu'elle s'ouvre. Un jour, le salon serait à lui et il resterait illuminé toute la semaine et toute la nuit. Il repartit par la rue de la Rep' jusqu'au
30 centre commercial. Au moins, là, il faisait chaud.

---

4 **prendre conscience de qc** sich einer Sache bewusst werden – 10 **une fugue** le fait de quitter la maison des parents sans les informer – 14 **se traîner** aller avec difficulté – 17 **la fièvre** la température élevée quand on est malade – 17 **un rhume** → enrhumé – 30 **au moins** wenigstens

Bientôt, il remarqua que d'autres jeunes zonaient comme lui, par petits groupes de trois ou quatre. Comme il était tout seul, il attirait leur attention.

– T'as pas une carte téléphonique ? lui demanda un des gamins.

Ils n'étaient pas beaucoup plus âgés que lui, mais ils attaquaient en groupe. Louis se baissa et se faufila entre deux de ses agresseurs. Il courut et entra dans une boutique de téléphones.

– Tu veux quelque chose ?

Étonné par la brutalité du tutoiement, Louis regarda le patron de la boutique.

– Non.

– Alors, dégage.

– Mais j'ai été agressé par des types qui voulaient me dépouiller et…

– C'est bon, on connaît. Tu sors ou j'appelle le vigile.

Louis regarda par la vitrine. Les voyous étaient partis.

Ses pas le portèrent jusqu'au fast-food. À présent, il était aux aguets. Il commanda un burger et s'aperçut en le mangeant qu'il avait tendance à claquer des dents. Il avait froid, puis il avait chaud. Puis froid de nouveau.

C'était donc ça, zoner. Passer le temps à regarder les vitrines, voir à quel point les objets exposés étaient inaccessibles, être chassé par des regards soupçonneux, puis revenir aux mêmes endroits, une heure plus tard.

– T'as pas un portable que j'envoie un texto ?

---

1 **zoner** *fam ici :* herumlungern – 7 **se baisser** sich bücken – 8 **se faufiler** passer – 14 **dégager** *fam ici :* sortir – 16 **dépouiller qn** *ici :* voler les affaires de qn – 18 **un vigile** une personne qui surveille un quartier ou des maisons – 22 **être aux aguets** observer pour ne pas être surpris – 28 **inaccessible** *ici :* trop cher – 29 **soupçonneux, soupçonneuse** misstrauisch – 31 **un texto** un SMS

Louis s'était encore une fois fait coincer par trois gamins.

– Mais c'est bon, foutez-moi la paix !

Ils le serraient de près. L'un d'eux lui attrapa le
5 poignet pour le tordre dans son dos. Mais, de son bras encore libre, Louis lui envoya un formidable coup de coude en plein visage et l'étendit raide sur le bitume. Il partit en courant. Il songea à Garance. Il aurait des choses à lui raconter, mardi. Soudain
10 une pensée le traversa.

Son sac à dos. Il l'avait oublié au fast-food. Il y courut sans se faire beaucoup d'illusions. Il n'y était plus. Les serveurs lui dirent qu'ils n'avaient rien ramassé. Au moment de quitter le restaurant, Louis
15 aperçut son visage dans un miroir et constata une tache bleue dans le visage.

De nouveau seul dans l'appartement familial, Louis commença par vider le porte-monnaie de sa sœur. Ses investissements publicitaires l'avaient ruiné
20 et il lui fallait un nouvel *Eastpak*. Mentir, zoner, se battre, voler. Louis s'enfonçait dans la délinquance.

Il s'examina dans la glace de la salle de bains et se souvint du coquard de Clara. Il chercha le fond de teint de sa mère et en mit un peu sur la tache bleue
25 avec une éponge, mais comme cela se voyait trop, il fit comme Fifi et se recouvrit tout le visage de fond de teint.

Au dîner, monsieur Feyrières posa des questions à sa femme sur son cours de secourisme. Il voulait
30 paraître intéressé par sa récente émancipation. De temps en temps, il jetait un coup d'œil à Louis.

---

1 **coincer qn** jdn in die Enge treiben – 3 **foutez-moi la paix** laissez-moi tranquille –
5 **tordre** drehen – 7 **un coude** Ellenbogen – 7 **en plein** + *nom* mitten in – 7 **étendre qn raide** *fam* jdn hinstrecken – 8 **le bitume** Asphalt – 16 **une tache** Fleck – 21 **s'enfoncer dans qc** in etw versinken – 25 **une éponge** Schwamm

Quelque chose le troublait. Il n'aurait su dire quoi. Madame Feyrières en était au bouche-à-bouche quand Floriane se souvint :

– Y a Ludovic qui est venu chercher sa sœur à
5 l'école et il m'a dit de te dire…

Elle se tourna vers Louis et tout le monde le regarda :

– … qu'il pouvait t'amener les devoirs.

– M'amener les devoirs, répéta Louis sur un ton
10 d'incompréhension.

Floriane fit la petite grimace de celle qui n'y peut rien si les autres sont des abrutis :

– C'est ce qu'il a dit.

– Tu fais faire tes devoirs par Ludovic ? Qu'est-ce
15 que c'est, ce trafic ? questionna monsieur Feyrières.

– Qu'est-ce que tu as sur la joue, Louis ? remarqua soudain sa mère.

Louis para au plus pressé :

– Mais c'est rien. Je me suis battu.

20 – Tu t'es battu ! s'écria madame Feyrières. Où ça ? Qui ?

Louis devina le salut.

– Mais des types. Je les connais pas. Ils m'ont piqué mon sac. C'est pour ça que Ludo voulait me
25 prêter ses livres pour les devoirs.

Les parents se regardèrent, stupéfaits.

– Tu te fais attaquer et voler et tu ne dis rien !

– Ça change quoi ? bredouilla Louis.

– Il faut porter plainte, dit madame Feyrières.
30 Prévenir le collège.

---

2 **le bouche-à-bouche** Mund-zu-Mund-Beatmung – 10 **l'incompréhension** f →
comprendre – 15 **un trafic** fam ici : une activité mystérieuse – 18 **parer au plus pressé**
sich in einer brenzligen Situation um Schadensbegrenzung bemühen – 22 **le salut**
Rettung – 24 **piquer** fam voler – 26 **stupéfait, stupéfaite** incapable de dire un mot –
29 **porter plainte** aller à la police

– Mais ils sont pas du collège, s'inquiéta Louis. C'est des types qui zonaient dans le centre commercial.

Monsieur Feyrières fit un effort pour suivre le
5   film :

– Tu étais au centre commercial ?

– Oui... Non, pas moi ! Mais eux, ils y sont tout le temps.

Son père le regardait de plus en plus énervé.

10   – Qu'est-ce... qu'est-ce que tu as sur la figure ?

Louis porta la main à sa joue.

– Mais c'est bon, j'ai un bleu ! J'en ai étendu un.

– Ouah, trop fort, dit Floriane, épatée.

Mais monsieur Feyrières tendit la main en
15   direction du visage de Louis.

– Ça... Qu'est-ce que c'est ? Qu'est-ce que tu as mis sur ta figure ?

Louis s'essuya machinalement le visage, puis regarda ses doigts. Il avait suivi les conseils de Fifi.
20   Il en avait mis une bonne couche.

– Du fond de teint ! s'écria madame Feyrières.

– Pour soigner ! paniqua Louis. Euh, pour cacher. C'est l'infirmière.

– L'infirmière, répéta monsieur Feyrières,
25   stupéfait.

– Oui, l'infirmière du collège. Elle a mis de l'arnica. Mais c'était terrible. Alors, j'ai une copine qui m'a mis du... du machin pour cacher. Cacher le bleu... l'arnica sur le bleu.

30   – Mais c'est n'importe quoi... Va te laver immédiatement !

---

13 **épaté, épatée** *fam* surpris mais plein d'admiration

Dans la chambre à coucher, madame Feyrières, que
Louis inquiétait, parla de ses soupçons à son mari :

– La « copine de Louis », je crois que c'est cette
Fifi.

5 – Il m'a promis de ne plus la revoir.

– Tu sais, les promesses, à cet âge… C'est
sûrement cette petite coiffeuse qui a eu l'idée du
rose dans les cheveux et du fond de teint. Tu ne
crois pas ?

10 Monsieur Feyrières eut un lent hochement de
tête. Un jour, il aurait cette explication avec Louis.
Oui, il l'aurait.

## 14

## Le droit chemin

Ce mardi-là, Clara se préparait pour une nouvelle semaine au salon. Elle n'avait pas encore fixé
5 la date de son déménagement, mais elle avait hâte. Son petit deux-pièces avait trop de mauvais souvenirs pour elle : quand il avait amené deux « copains », quand il avait parlé de faire des photos, quand il l'avait frappée… Elle avait un moment cru
10 au grand amour. Il disait s'appeler « Fabe ». C'était faux. Sa vie, c'était *Maïté Coiffure*, Fifi, Garance et ce petit Louis, discret, élégant, à qui il ne manquait, pour être l'homme dont elle rêvait, que six ou sept années.

15 Dès qu'elle fut dans la rue, elle se mit à marcher avec ce déhanchement énergique des filles habituées aux talons aiguilles. Fabe apparut à son côté sans qu'elle l'ait entendu venir.

– Salut, Clara.
20 Elle fit un écart comme un animal effrayé.

– S'cuse. Je t'ai fait peur ?

Il essayait de prendre sa voix de crooner.

– Je t'aime toujours, Clara, je pense qu'à toi.

– Laisse-moi. J'ai rien à voir avec toi.
25 Elle parlait tout en marchant vite, vite.

– T'as pas toujours dit ça. Tu m'as menti alors ?

La voix se faisait déjà plus menaçante. Clara avait peur, vraiment peur. Il mit la main sur elle, brutalement.
30 – T'es ma feum. T'as couché.

Clara tira sur son bras pour se libérer.

---

16 **un déhanchement** Hüftschwung – 20 **faire un écart** zur Seite springen – 22 **un crooner** *anglais* Schnulzensänger – 30 **une feum** *verlan* une femme

– Oh, t'arrêtes ? Je vais te marav si t'arrêtes pas !

La haine qu'elle avait pour cet homme donna à Clara une force insoupçonnée. Elle tira si fort sur son bras qu'il en fut déséquilibré et il la lâcha. Elle partit en courant. Il ne l'avait pas suivie. Elle dut faire le reste du chemin en soutenant son bras gauche tant son épaule lui faisait mal. Au salon, elle préféra garder le silence sur cette mauvaise rencontre. Mais, chaque fois qu'elle devait soulever le bras gauche pour couper ou coiffer les cheveux, elle pâlissait de douleur.

Il se trouva que ce mardi-là les clients étaient pressés. Fifi, dont ce n'était pourtant pas le tempérament, s'énervait d'un rien. On lui avait pris ses ciseaux, on ne fermait pas la porte des vécés, on ne nettoyait pas les bacs. Pour finir, il s'en prit à Clara :

– Mais tu t'actives un peu ! Je me paye tout, ce matin.

– Je te rembourserai demain.

– Ah, les blondes ! soupira Philippe en levant les yeux au ciel.

Louis aida Clara pendant une mise en plis. À trois reprises, elle laissa tomber par terre un bigoudi, ce qui ne lui arrivait jamais.

– Je vais finir, lui dit-il à l'oreille.

Ce n'était pas réglementaire, mais ils se trouvaient sur la mezzanine et la patronne ne les voyait pas. Clara fit croire à la cliente que Louis allait bientôt avoir un examen portant sur la mise en plis et qu'il devait s'entraîner. Elle s'assit sur le tabouret et

1 **je vais te marav** *arg* je vais te tuer – 2 **la °haine** ≠ l'amour – 4 **être déséquilibré, déséquilibrée** das Gleichgewicht verlieren – 6 **soutenir qc** etw stützen – 13 **être pressé, pressée** ne pas avoir le temps – 16 **s'en prendre à qn** parler rudement à qn (parce qu'on pense qu'il est responsable de qc) – 18 **qn se paye qc** etw bleibt an jdm hängen – 20 **rembourser** 1. zurückzahlen 2. *ici :* wiedergutmachen

107

donna quelques conseils, d'ailleurs pas nécessaires, tant Louis l'avait observée.

Plus tard quand la cliente avait quitté le salon, Clara se pencha vers Louis et l'embrassa :

5 – T'es un type super.

– Tu viens acheter la bouffe ? lui cria Garance du bas de l'escalier.

Elle n'aimait pas savoir Louis collé à Clara.

Quand ils furent dans la rue, la petite apprentie 10 attaqua brusquement :

– C'est trop zarbi, ton histoire de grève. T'aurais dû trouver autre chose.

Louis marmonna :

– Tant que ça marche…

15 – Et si tes parents l'apprennent ?

– Mon père me tue.

Louis en semblait sûr. Ils marchèrent un instant en gardant le silence.

– Mais qu'est-ce que tu vas faire ? le relança 20 Garance.

– Rien.

– Tu crois pas que tu devrais retourner à l'école ?

– Je veux travailler.

Travailler. Travailler avec ses mains. À quatorze 25 ans. Sur le moment, Garance ne trouva rien à dire. Puis, l'après-midi passant, elle songea que Louis ne devait pas continuer comme ça.

Jusqu'à dix-sept heures, le garçon soutint Clara, là-haut, sur la mezzanine. Il lui trouva de l'aspirine, 30 lui fit du thé, lui massa l'épaule et travailla à sa place autant qu'il put. Puis il partit, la laissant un peu perturbée.

Au moment de partir à son tour, Garance s'approcha du comptoir.

6 **la bouffe** *fam* les choses à manger – 11 **zarbi** *verlan* bizarre

– Madame Maïté, je voudrais vous dire un truc sur Louis.

– Oui ? fit la patronne, prête à écouter quelque chagrin d'amour.

5 – Y a pas de grève à son collège. Il sèche les cours.

Madame Maïté ouvrit des yeux incrédules, puis effrayés.

– Tu es sûre ?

– Il me l'a dit.

10 – Mon Dieu !

C'était un choc. Ce petit Louis si gentil.

– Mais pourquoi… pourquoi il fait ça ?

– Il veut être coiffeur, répondit Garance avec l'air de trouver que c'était quand même une drôle

15 d'idée.

– Mon Dieu ! répéta madame Maïté. Philippe ! Philippe !

Elle ne pouvait garder pour elle une telle émotion. Fifi, que la mauvaise humeur n'avait guère quitté,

20 s'approcha du comptoir.

– Quoi encore ?

– Fifi, c'est terrible. Le petit Louis… Il a menti. Il ne va plus à son collège.

*Maïté Coiffure* entoura la patronne.

25 – Son père est très violent, prévint Garance. Il va se faire massacrer.

– Et sa maman ? s'interrogea Clara.

– D'abord, il faudrait parler à Louis, estima Fifi. Ça, je peux le faire.

30 – C'est plutôt à moi de le raisonner, dit madame Maïté. Il est venu chez moi, je suis responsable.

– Oui, mais moi je le comprends mieux, je suis quasi de son âge, objecta Garance.

---

4 **un chagrin d'amour** Liebeskummer – 5 **sécher les cours** ne pas aller en cours –
6 **incrédule** sceptique – 30 **raisonner qn** jdn zur Vernunft bringen

– Il est toujours près de moi, protesta Clara.

Personne ne voulait céder sa place. Madame Maïté regarda le registre des rendez-vous.

– On a un trou demain, à 16 h 30.

5 Le lendemain, qui était un mercredi, Louis fit semblant de partir pour le club de tennis. À 14 heures, il était au salon.

– Bonjour, Louis! firent Garance, Fifi, Clara et madame Maïté dans un bel ensemble.

10 Il tressaillit sans bien savoir pourquoi et alla mettre ses affaires au vestiaire. Comme la veille, il voulut aider Clara sur la mezzanine. Mais, cette fois, elle le repoussa :

– J'ai moins mal, Louis, merci.

15 À 16 h 25, après le départ de mademoiselle Rapoport, Fifi afficha sur la porte le panneau

> FERMÉ

Clara descendit de la mezzanine, Garance quitta le vestiaire et Louis se trouva entouré.

20 – On voudrait te parler, dit doucement madame Maïté.

Louis jeta un regard de reproche à l'apprentie.

– Pourquoi tu ne vas plus en cours ?

Louis serra ses mains l'une contre l'autre et les fit 25 craquer.

– Je sais pas, souffla-t-il.

– Tu as de mauvaises notes ?

Il fit oui de la tête. Puis non. Ce n'était pas le problème.

30 – J'aime pas l'école.

---

2 **céder qc** laisser qc à qn d'autre – 10 **tressaillir** zusammenzucken – 20 **doucement** ≠ sévèrement

Il voulait fuir, il avait honte, il transpirait. Garance eut pitié.

– C'est qu'il veut travailler dans la coiffure.

– Laisse-le parler ! lui ordonna madame Maïté.

5 – Et puis pour travailler dans la coiffure, faut quand même aller à l'école, observa Fifi.

Madame Maïté eut un soupir agacé. Elle voulait que le garçon s'explique.

– Louis, il faut parler.

10 Il se répéta : « parle, parle », mais les mots le fuyaient.

– Mon père, murmura-t-il.

– On va rien lui dire, promit Clara.

– Mais il faut que tu retournes au collège, ajouta 15 Fifi. Si tu fais pas ta troisième, on voudra pas de toi en coiffure.

– Mais vous, vous voulez bien de moi ? sanglota Louis.

– Je n'ai pas le droit de te faire travailler, lui 20 répondit madame Maïté. Tu as quatorze ans et tu n'es pas en apprentissage.

Le principe de réalité, c'était dur à faire entrer. Louis pleura, la tête sur les genoux. Puis se calma.

– Bonne-Maman, dit-il, les yeux encore pleins de 25 larmes.

Si quelqu'un pouvait l'aider, c'était elle. Madame Maïté prit son téléphone.

– On va l'appeler. 02… Louis, son numéro ?

Elle essayait de paraître inflexible. Elle était 30 bouleversée. Mais elle faisait ce qu'il fallait faire pour remettre dans le droit chemin le fils de monsieur Feyrières.

---

29 **inflexible** qui ne change pas d'avis – 30 **bouleversé, bouleversée** erschüttert

# 15

## L'engagement

Fifi vivait seul dans un studio presque vide. Le lundi, il dormait jusqu'à midi. Mais, ce lundi, il était
5 debout à neuf heures et demie. Il mit une chemise blanche, comme s'il allait travailler. Au moment de mettre son fond de teint, il constata que le dernier traitement dermatologique était vraiment un succès. Il s'examina sans fard. C'était presque
10 acceptable. Il regarda sa montre.

– Merde, merde.

Il était en retard. Il avait rendez-vous à dix heures au collège Charles-Péguy.

Louis s'y trouvait déjà. Il avait eu du mal à passer le
15 portail. Il avait été absent pendant deux semaines et il avait peur des questions.

– T'étais malade ? demanda Ludovic.

– Angine.

Ludovic gardait envers Louis une sourde
20 méfiance. Jusqu'alors, il avait cru le dominer. Meilleur au tennis, meilleur en classe, toujours en avance d'un gadget. Mais Louis plaisait aux filles.

De temps en temps, pendant le cours, Louis croisa le regard de la prof. À l'interclasse, elle lui fit
25 signe :

– Monsieur le principal vous attend pour dix heures. Pour le moment, je vous demanderai seulement de ne pas vous vanter auprès de vos camarades de ce que vous avez fait.

---

8 **un traitement** Behandlung – 15 **un portail** une grande porte – 19 **sourd, sourde**
*ici :* qui ne se montre pas ouvertement – 20 **la méfiance** Misstrauen – 22 **un gadget**
[gadʒɛt] *anglais* un objet à la mode plus ou moins utile – 28 **se vanter de qc** dire qu'on
est fier de qc

– Qu'est-ce qu'elle te voulait ? lui demanda Ludovic dans le couloir.

Il avait deviné que Louis avait des ennuis avec les autorités.

5 – Rien, répondit Louis.

– Faudra que tu rattrapes. On a *Le Horla* à lire pour vendredi.

Louis était décidément né sous une bonne étoile.

– Je l'ai lu. J'ai même fait le résumé.

10 À dix heures moins le quart, sur un signe de la prof de français, Louis rassembla ses affaires et quitta la salle de cours.

Pour aller chez le principal, il fallait prendre l'escalier tout en marbre et un couloir à la moquette

15 crème, puis frapper à la porte du secrétariat.

– Monsieur le principal va vous recevoir, dit la secrétaire. Asseyez-vous.

Les élèves convoqués devaient toujours attendre dix minutes. Louis savait que le principal avait

20 entre les mains une lettre dont sa mère et sa grand-mère avaient pesé chaque mot. Mais il ignorait que de son côté madame Maïté avait téléphoné.

– Vous pouvez y aller, lui signala la secrétaire.

Il s'avança vers le bureau. Il ne connaissait le

25 principal que de vue.

– Entrez, monsieur Feyrières. Asseyez-vous. Alors, il paraît que mon collège est en grève ?

Louis se demanda s'il fallait sourire. Il s'assit sur le bord de la chaise. Le principal était un bel homme,

30 qui lui faisait penser à son père. Il parut chercher quelque chose sur son bureau et retrouva la lettre de madame Feyrières.

---

3 **avoir des ennuis** *mpl* avoir des problèmes – 6 **rattraper** *ici* : étudier les sujets qu'on a manqué à l'école parce qu'on y était absent – 11 **rassembler** mettre ensemble – 14 **le marbre** Marmor – 14 **la moquette** Teppichboden – 18 **convoqué, convoquée** qu'on a prié de venir – 21 **peser** *fig* choisir après avoir réfléchi beaucoup

– Il ressort des explications de votre mère que vous n'aimez pas l'école. Trop abstraite, à votre avis… Vous m'en voyez désolé.

Louis aurait préféré une bonne engueulade à ce ton de moquerie.

– Beaucoup de jeunes sortent du système scolaire sans diplôme et sans formation. Vous savez ce qu'ils deviennent ?

– Chômeurs, répondit Louis pour faire plaisir.

– Vous n'avez pas l'air très concerné.

Quand il était traqué, Louis bloquait ses émotions et paraissait indifférent. Il baissa la tête et fit craquer ses doigts. On frappa à la porte.

– Oui, entrez.

– Excusez-moi, je… j'ai un peu de retard.

Louis poussa un cri de surprise. C'était Fifi.

– Je vous en prie, monsieur Loisel, c'est déjà très aimable à vous de prendre sur votre temps de congé.

Le principal montra Louis à Fifi :

– Vous reconnaissez votre « apprenti » ?

Le garçon ne savait plus quoi penser. Pourquoi Philippe était-il là ? Était-ce pour dire à quel point Louis avait berné tout *Maïté Coiffure* ? Fifi s'assit lui aussi sur le bord d'une chaise, pas vraiment à l'aise. Il était passé plusieurs fois par le « conseil de discipline » pendant sa courte scolarité. Le principal s'adressa à Louis :

– Monsieur Loisel représente *Maïté Coiffure*.

Et soudain, Louis lut dans le regard du principal qu'il s'amusait.

---

1 **ressortir de qc** aus etw hervorgehen – 3 **désolé, désolée** untröstlich – 4 **une engueulade** *fam* Anschiss – 9 **un chômeur** une personne qui ne trouve pas de travail – 11 **être traqué, traquée** in die Enge getrieben sein – 24 **berner** hintergehen – 26 **un conseil** *ici :* Ausschuss

– Il semblerait, monsieur Feyrières, que malgré vos mensonges vous ayez fait une très bonne impression chez *Maïté Coiffure*.

– C'est un garçon très… très gentil, bredouilla Philippe. Et doué. Enfin, vous me comprenez ?

– Pour la coiffure ? questionna le principal.

– Absolument.

Louis eut un sourire discret.

– Ça vous plaît, la coiffure, Louis ? demanda le principal.

– Oui… Oui, monsieur.

Il se redressa et le regarda bien dans les yeux.

– Vous voulez travailler, c'est ça ?

– Oui, monsieur.

– À quatorze ans ?

– Oui, monsieur.

Le principal essayait de garder un air imposant. En quelques secondes, il avait compris que Louis faisait partie de ceux qui s'embarquaient à quinze ans sur des baleiniers.

– J'ai une proposition à vous faire, dit-il en tendant la main vers Philippe. Vous avez pensé au contrat ?

– Oui, monsieur, répondit Fifi sur le même ton que Louis.

Il sortit un papier de sa poche et le posa sur le bureau.

– Ceci, dit le principal en agitant le papier, ceci est un contrat, monsieur Feyrières. Vous voulez que je vous le lise ?

Louis, hypnotisé par le papier à en-tête de *Maïté Coiffure*, hocha la tête.

---

19 **s'embarquer** *ici* : anheuern – 20 **un baleinier** Walfängerschiff – 31 **un en-tête** Briefkopf

– Il est écrit que

*Monsieur Louis Feyrières s'engage à se rendre au collège Charles-Péguy...*

Le principal regarda autour de lui et murmura :

5  – Je crois que c'est ici…

*... au collège Charles-Péguy aux horaires prévus par son emploi du temps. En contrepartie, le salon Maïté Coiffure s'engage à assurer son apprentissage dans*

10  *la coiffure les mercredi et samedi après-midi.*

Vous êtes libre, Louis. Mais si vous signez ce contrat, il faudra l'honorer scrupuleusement jusqu'à la fin de l'année scolaire. Si, à la fin, tout le monde est content de vous et si c'est toujours

15  votre souhait, vous pourrez faire une demande d'orientation en lycée professionnel et préparer un CAP dans la coiffure.

– Maman est au courant ?

– J'ai l'accord de vos parents.

2 **s'engager** sich verpflichten

116

Louis cligna des yeux. Cette fois, c'était sa mère qui avait menti. Monsieur Feyrières n'était sûrement pas au courant.

– Je peux prendre votre stylo, monsieur ?

5 – Prenez le temps de relire votre engagement.

Le garçon relut, data et signa. Puis Philippe fit de même en tant que représentant de *Maïté Coiffure*. Le principal se leva :

– Il va falloir rattraper vos deux semaines

10 d'absence, Louis. Je compte sur vous ?

– C'est clair.

Ils se donnèrent la main.

Philippe revint chez lui très content, mais avec un pincement au cœur. Louis avait de la chance,

15 il trouvait sur sa route des gens capables de le comprendre, de le soutenir. À quatorze ans, Philippe était allé à la dérive. Personne n'avait cru en lui, personne ne l'avait aidé.

Louis rentra à la maison, le cœur plein de fortes

20 résolutions. Mais il avait un réel retard à rattraper, et au bout d'une heure passée à son bureau devant son livre de maths puis son manuel d'anglais, il sentit qu'il perdait déjà pied. Tout en répétant les verbes irréguliers, il se mit à jouer avec les ciseaux

25 de coupe que lui avait offerts *Maïté Coiffure*.

– Tu fais quoi ?

Sa sœur venait de passer la tête par la porte.

– Tu trouves pas que ta frange est trop longue ? lui demanda Louis.

30 Il la lui coupa en imitant le mouvement de piquetage* cher à Fifi. Floriane alla s'admirer dans le miroir.

---

10 **compter sur qn** sich auf jdn verlassen – 14 **un pincement** Stich – 17 **aller à la dérive** être sur le point de quitter le droit chemin – 23 **perdre pied** *fig* ne plus comprendre de quoi il s'agit

– Trop trop bien.

– Tu dis rien aux parents.

La modification était discrète et pouvait passer inaperçue.

5 – Tu veux que je fasse un carré dégradé à ta Raiponce ?

Floriane sentit qu'elle allait le regretter. Mais Louis faisait claquer ses ciseaux avec impatience. Et Floriane sacrifia Barbie.

10 – À table ! appela madame Feyrières.

Elle vit tout de suite la frange effilée de sa fille et jeta un regard désolé à son fils. Il faudrait lui confisquer ses ciseaux. Ça tournait à l'idée fixe.

– J'ai déjeuné avec Janson, ce midi, dit monsieur 15 Feyrières. Figure-toi qu'il va mettre son fils à Saint-Paterne, l'an prochain.

C'était un lycée privé très renommé.

– Il m'a conseillé de faire la même chose pour Louis. Leurs résultats au bac sont excellents et ils 20 ont des classes préparatoires.

– Préparatoires à la coiffure ? demanda Floriane.

– Ne sois pas sotte, dit sa mère en lui faisant les gros yeux. Les classes préparatoires, c'est pour Polytechnique.

25 – Pas seulement, corrigea son mari. Et même si on échoue aux concours des grandes écoles, une ou deux années de prépa, ça fait vivre dans une atmosphère de surchauffe intellectuelle, ça…

Louis fut pris d'un doute.

30 – Qu'est-ce que ça donne, tes notes, en ce moment ?

---

3 **une modification** un changement, une correction – 4 **inaperçu, inaperçue** → apercevoir – 5 **fasse** *subj du verbe faire* – 9 **sacrifier qc** etw opfern – 20 **les classes préparatoires** *in der Regel zweijährige Vorbereitungszeit, die nach dem Abitur auf die Aufnahmeprüfung zu einer der Eliteschulen, der Grandes écoles, vorbereitet* – 22 **sot, sotte** bête, stupide – 24 **Polytechnique** *Elitehochschule insbesondere für das Ingenieurswesen* – 26 **échouer** ne pas passer – 26 **un concours** un examen pour être admis – 28 **la surchauffe** *ici :* rege Auseinandersetzung

– Rien.

– Comment ça, « rien » ! Tu as bien des notes ?

Louis ne répondit pas.

– Va me chercher tes derniers devoirs ! hurla son
5 père.

– Mais qu'est-ce qui te prend ? s'inquiéta sa
femme. Tu ne t'en occupes jamais…

– Eh bien, j'ai tort, si c'est ce que tu veux
m'entendre dire.

10 Louis restait immobile. Monsieur Feyrières fit un
effort pour se calmer.

– Si je me souviens bien, ta quatrième a été
moyenne. La troisième est une classe décisive parce
qu'il y a déjà des aiguillages et des voies de garage.

15 Floriane savait que son frère ne voulait pas faire
garagiste.

– Et des voies de coiffure, y en a ?

– Tu vas nous emmerder encore longtemps avec
ta coiffure ? s'écria monsieur Feyrières.

20 Il ne prononçait jamais de grossièreté. C'était
vraiment le signe qu'il ne se contrôlait plus.
Floriane était sur le point de pleurer. Très digne,
elle posa sa serviette en plein dans son assiette de
soupe et sortit de table. Monsieur Feyrières la suivit
25 du regard, stupéfait.

– Mais qu'est-ce qu'elle fait ? Floriane, reviens te
mettre à table ! On ne parlait pas de toi…

Il supportait mal d'avoir choqué sa petite fille.
Mais pour Louis, c'était la possibilité de fuir. Il posa
30 à son tour sa serviette et se leva de table.

– Louis, rassieds-toi ! Louis ! Mais c'est n'importe
quoi !

---

8 **avoir tort** ≠ avoir raison – 13 **moyen, moyenne** ni bon ni mauvais – 14 **un aiguillage**
Weichenstellung – 14 **une voie de garage** *fig* un futur qui ne permet pas de carrière –
18 **emmerder qn** *arg* énerver qn – 20 **une grossièreté** *ici :* un mot argotique ou
vulgaire – 22 **digne** würdevoll

Il se tourna vers sa femme :

– Si Louis a de grosses difficultés, il fallait m'en parler. C'est plutôt en français ou en mathématiques ?

5 – Les deux, répondit madame Feyrières.

– Janson m'a dit que Ludovic avait eu des problèmes en espagnol, l'an dernier. Il a fait appel à Cours Études Secours. Ils sont très bien. C'est cher, mais on a les moyens. Louis n'a qu'à prendre des

10 cours de français, le mercredi à la place du tennis, et des cours de maths, le samedi après-midi.

Madame Feyrières ouvrit la bouche pour protester, mais s'aperçut au même moment qu'elle ne pouvait pas parler de *Maïté Coiffure*. Sur quelle

15 pente s'était-elle engagée ?

– Ne t'en fais pas, lui dit son mari. Je vais m'occuper de tout.

---

15 **une pente** *ici : fig* une situation qui devient de plus en plus difficile

# 16

## Apprentissages

Philippe prit très à cœur son rôle de formateur. Dès le premier mercredi officiel d'apprentissage pour
⁵ Louis, il appela souvent le garçon.

– Louis, viens voir !

Louis s'installait sur le tabouret à roulettes et regardait Philippe, tout en laissant ses mains travailler dans le vide. Et c'était :
¹⁰ – Tu vois, je fais la nuque courte aux ciseaux sur peigne en remontant…

Ou bien :

– Cette fois, je fais le brushing à la brosse ronde* en rebiquant les pointes*.
¹⁵ Louis avait des impatiences dans les mains. Il tressautait sur son tabouret. Cela faisait rire Philippe.

– Tiens, essaye. Cela ne vous ennuie pas, mademoiselle ? Il est très doué.
²⁰ Chaque fois que Louis se lançait, Philippe semblait épaté.

– J'ai jamais vu ça. Je vous jure, madame Maïté, jamais.

La patronne confirmait. Elle en avait vu passer,
²⁵ des jeunes, mais un comme celui-là, jamais. Clara avait une spécialité de coloriste. Louis la rejoignait de temps en temps sur la mezzanine. Et c'était :

– Je fais juste un balayage « coup de soleil » sur les mèches de recouvrement*.
³⁰ Ou bien :

---

3 **un formateur** une personne qui montre le métier à un apprenti – 3 **dès** von … an –
22 **jurer** schwören – 26 **avoir une spécialité de coloriste** aufs Färben spezialisiert sein

– On va faire des mèches rouges très fines sur la base foncée*.

Parfois elle laissait le pinceau* ou les gros rouleaux à Louis et le surveillait en prenant son thé.

– T'auras plus rien à apprendre pour le CAP, grommela Garance. Tu vas t'emmerder.

– Ne sois pas grossière, Garance, la reprit Clara.

– Gnagnagna. En attendant, je me tape tout le sale boulot.

Ce qui était assez vrai.

– Tous ces vieux qui te tournent autour, c'est pas croyable !

Garance démontra sa mauvaise humeur en entraînant Louis jusqu'à la boulangerie.

– Fifi qu'en peut plus tellement t'es extraordinaire ! L'autre grosse qui te couve comme si t'étais à elle !

Garance était amoureuse. Pour une fois, ce n'était ni d'une brute ni d'un crétin. Elle aimait Louis Feyrières, un garçon bien élevé, aux longs yeux doux et au mutisme mystérieux. Mais Garance avait dans la tête un grand point d'interrogation. Louis aimait-il les filles ? Les garçons attirés par la coiffure l'étaient rarement par les coiffeuses.

– T'es amoureux de Clara, hein ?

– Non.

– De toute façon, à quatorze ans, t'as aucune chance. Tu prends quoi ?

Ils étaient dans la file d'attente de la boulangerie.

– Un pain au choco.

Pour passer le temps, Garance glissa la main sous le blouson de Louis. Elle approcha sa bouche de son oreille et lui chuchota une obscénité. Elle pensait le faire rire. Louis détourna la tête. Elle retira sa main.

---

7 **s'emmerder** *arg* s'ennuyer – 9 **gnagnagna** *fam* ok, ok, ok – 17 **couver qn** jdn umhegen – 19 **un crétin** un idiot – 21 **le mutisme** ≠ le bavardage

Louis sentait un plaisir particulier à pousser la porte de *Maïté Coiffure*, à faire tinter le carillon, puis à se laisser pénétrer par toutes les odeurs plus ou moins toxiques des laques, des colorants et des
5 shampooings traitants\*. *Maïté Coiffure*, c'était son île.

– Faudrait des plantes vertes ici et là, dit-il à madame Maïté en désignant du doigt deux endroits vides.

10 – Tu crois ?

– Oui, et il faudrait un éclairage plus fort en vitrine. Comme un soleil.

La patronne ne l'intimidait plus du tout. Il lui parlait sur un ton d'autorité qui rappelait celui de
15 son père. Il y avait une raison à tant d'assurance. Louis avait pris toute la place dans la vie déserte de madame Maïté.

– Philippe ! Philippe ! Vous entendez ce que dit Louis ? Il faudrait mettre des plantes vertes ici et
20 là…

– Excellent.

Garance balayait rageusement les mèches de cheveux. Allaient-ils finir de bêtifier avec ce garçon ?

25 Louis monta à la mezzanine et examina les outils de Clara en les sortant un à un du tiroir : les ciseaux sculpteurs tout dentés\*, le rasoir s'ouvrant comme un canif, le peigne démêloir\*, le peigne de coupe\*, le peigne afro…

30 – Je vais m'acheter tout ça, dit-il.

– Tu as de l'argent ?

– Non.

---

3 **pénétrer** durchdringen – 4 **toxique** giftig – 7 **une plante** Pflanze – 11 **un éclairage** qc
qui illumine un endroit – 15 **l'assurance** *f ici* : Selbstbewusstsein – 22 **rageusement** ≠
calmement – 23 **bêtifier** *fam* parler comme à un enfant – 28 **un canif** Klappmesser

Il baissa la voix :

– Un jour, je serai riche et je rachèterai le salon avec la maison à côté. Pour agrandir.

Clara lui jeta un regard curieux.

5   – Et moi, tu me mettras dehors ?

Elle venait d'emménager au premier étage, chez madame Maïté.

– Je t'achèterai un autre salon, répondit-il avec un rire un peu bête.

10   Puis il descendit lestement l'escalier. Il se cogna contre Garance.

– Oh, toi, dit-elle en l'attrapant.

Il alla se sauver auprès de madame Maïté et, appuyé au comptoir, il lui demanda sur un ton de

15   tendresse filiale :

– C'est quoi, la TVA ?

Quand le cours de comptabilité fut terminé, Louis alla chercher son blouson au vestiaire. Garance, qui s'y trouvait déjà, le plaqua contre le

20   mur. Elle chercha ses lèvres, mais Louis, en silence, tournait la tête pour lui échapper. Elle le relâcha en chuchotant, furieuse :

– T'es pas un mec.

Elle attrapa son blouson et l'enfila.

25   – J'y vais, madame Maïté ! lança-t-elle sans se retourner.

Elle marcha sans bien voir où elle allait, cherchant dans ses poches son paquet de cigarettes. Mais elle l'entendit venir derrière elle.

30   – Garance ?

Il avait couru. Il marcha à côté d'elle sans rien dire. Lentement, il glissa ses doigts dans la main de la jeune fille. « J'y comprends rien à ce type »,

---

6 **emménager** ≠ déménager – 10 **lestement** leichtfüßig – 10 **se cogner contre qn** mit jdm zusammenstoßen – 15 **filial, filiale** d'un fils – 17 **la comptabilité** Buchführung – 19 **plaquer qn contre qc** jdn gegen etw drücken

songea-t-elle en refermant brutalement la main. Louis tressaillit et fit mine de vouloir se dégager. Alors elle serra moins fort et tous deux emmêlèrent leurs doigts. Puis ils marchèrent jusqu'à la rue
5 de Bourgogne. Au bas de son immeuble, Louis toucha juste les lèvres de Garance en détournant pudiquement les yeux.

– T'es vraiment pas comme les autres, Louis.

– Non.

10 Il referma la porte sur lui, laissant Garance stupéfaite.

– Il me tue, ce mec !

Ce soir-là, Louis était complètement absent pendant le repas. Dans sa tête, une implacable
15 petite machine continuait de tourner. Il lui fallait des outils de coiffure, les mêmes que ceux de Clara, et cela tout de suite. Au dessert, il eut une illumination. Bonne-Maman !

– Mais qui voilà ! s'écria la vieille dame en
20 apercevant Louis devant sa porte, le lendemain. T'as pas de problèmes, mon chéri ?

– Pas tout le temps, plaisanta Louis.

Mais il sautillait d'un pied sur l'autre.

– Qu'est-ce que tu as encore ?

25 – Il me faut de l'argent.

– Pour ?

– Acheter des ciseaux.

– Mais tu en as.

– D'autres. Et des peignes et un rasoir.

30 Bonne-Maman était compréhensive, mais c'était quand même une grande personne.

---

3 **emmêler qc** etw verschränken – 7 **pudiquement** verschämt – 14 **implacable** unerbittlich

– T'as pas besoin de tout ça.

– Si.

– Non. Tu n'ouvres pas un salon de coiffure.

– Mais j'ai besoin de mes outils personnels.

5 – Non.

– Si.

– Quelle tête de pioche ! Apprends déjà à te servir des ciseaux qu'on t'a donnés.

– Je sais.

10 – Ça m'étonnerait.

Il sortit les ciseaux de la poche de son blouson.

– Je peux te rafraîchir ta coupe ?

– Jésus Marie !

– D'abord, ta mèche sur le front, ça fait vieux.

15 – Pas du tout, c'est pour cacher mes rides.

– Ça fait vieux.

– Non.

– Si.

Bonne-Maman regarda son petit-fils avec
20 étonnement. Elle ne lui connaissait pas cette obstination.

– Eh bien, vas-y, montre ce que tu sais faire.

Elle alla chercher une serviette, se mouilla les cheveux et s'assit sur un tabouret dans la cuisine.

25 – Mais tu vas voir tes fesses si tu me loupes !

Louis ne sourit même pas de la menace. Il était déjà projeté dans les gestes qu'il allait faire. En silence, mordillant l'intérieur de ses lèvres, engageant tout le corps, puis se reculant pour
30 voir l'effet, il prit le risque de changer la coupe de cheveux que Bonne-Maman gardait depuis une vingtaine d'années. Quand il eut fini le séchage*, il

---

7 **une tête de pioche** *fam* Dickschädel – 7 **se servir de qc** etw benutzen – 15 **une ride** Falte – 21 **l'obstination** *f* Sturheit, Beharrlichkeit – 23 **une serviette** Handtuch – 25 **voir ses fesses** *fam* den Hintern versohlt bekommen – 25 **louper qc** *fam* mal faire qc

s'inquiéta un instant. Sa grand-mère lui fit les gros yeux pour rire et se dirigea vers le miroir du salon.

– Mais qu'est-ce que tu as fait ? s'écria-t-elle en passant la main dans ses cheveux. J'ai l'air de… J'ai
5  l'air d'une…

Elle se regarda attentivement.

– J'ai l'air moins vieux.


Louis acheta ses outils. Fifi lui donna une tête de plastique blanc pour s'entraîner sur de vieilles
10  perruques. La chambre du garçon se transforma en salon de coiffure pour le plus grand bonheur de sa petite sœur. Madame Feyrières aperçut le désordre en poussant la porte.

– Louis, mais tu es fou ! Range tout ça.
15  – Mais, maman, c'est trop bien, protesta Floriane.
Elle avait un balai à la main.

– Louis, c'est le patron. Et moi, je suis l'apprentie !

# 17

## L'explication

Monsieur Feyrières avait trouvé un professeur de français pour le mercredi de 14 à 16 heures et une étudiante en math pour le samedi de 15 à 17 heures. Ayant tout réglé, il s'aperçut qu'il avait oublié d'informer l'intéressé. Monsieur Feyrières supposa que Louis allait se rebeller à cause de la suppression du club de tennis. Mais l'idée d'un bras de fer avec son fils n'était pas pour lui déplaire.

Ayant dû opérer tout le samedi matin, monsieur Feyrières fit un saut chez lui dans l'après-midi, pensant y trouver Louis.

– Ah non, il… il est au cinéma, mentit madame Feyrières.

– Tu ne crois pas qu'il a mieux à faire ? grommela son mari.

Vexé de devoir remettre à plus tard son explication, il entra tout de même dans la chambre de Louis pour y déposer le dossier d'inscription à Cours Études Secours. Il n'entrait jamais dans cette chambre. Il fut étonné de la trouver parfaitement en ordre. Mais il aperçut sur le lit deux magazines aux couvertures glacées. Monsieur Feyrières soupçonna quelque mauvaise lecture. Il s'approcha du lit et attrapa le magazine. *100 % coiffure ! Toute la mode de l'année.*

– Qu'est-ce que c'est que ça ? marmonna-t-il.

Il se baissa et prit l'autre magazine. *Mondial coiffure : les grands créateurs nous disent tout !* Il

---

9 **la suppression** ≠ la continuation – 10 **un bras de fer** Kraftprobe – 19 **une explication** *ici :* une discussion – 20 **un dossier d'inscription** Anmeldeunterlagen – 24 **une couverture glacée** Hochglanzeinband

feuilleta le magazine qui semblait à destination des professionnels de la coiffure. Il rejeta les deux publications sur le lit et regarda autour de lui.

Peu à peu, des détails qu'il avait ignorés prirent
5   leur sens. Sur le bureau de Louis, il y avait deux paires de ciseaux qui n'étaient pas d'écolier. Sur la table de chevet traînait près du réveil un tube de gel coiffant. Pris d'une peur inexplicable, monsieur Feyrières se mit à ouvrir les tiroirs du bureau. Il y
10  vit des peignes bizarres, un rasoir, des échantillons de produits colorants, des pinces à cheveux, des bigoudis ! De plus en plus en colère, monsieur Feyrières alla ouvrir la penderie et poussa un cri de stupeur. Sur les pull-overs, il y avait la tête avec une
15  perruque.

Un craquement fit se retourner monsieur Feyrières.

– Tu regardes les affaires de Louis ? fit une petite voix.

20  Monsieur Feyrières jeta un regard angoissé à sa fille.

– Tu es au courant ? C'est pour quoi faire, tout ça ?

– C'est pour son métier de coiffure.

25  – Ah ? Pour son…

Sa voix s'éteignit. C'était un complot. Tout le monde complotait dans son dos. Sa femme lui échappait, son fils lui mentait.

– Qu'est-ce qu'il y a ? s'inquiéta Floriane.

30  – Rien, rien…

Monsieur Feyrières lui sourit et referma les portes de la penderie.

– Moi aussi, je veux faire coiffure.

7 **une table de chevet** une table basse près du lit

– Mais bien sûr, dit son père en la poussant vers la sortie. D'ailleurs, tout le monde veut faire coiffure ici, ta mère, moi !

– Ah bon ? s'étonna Floriane.

5 – Va dans ta chambre ! lui cria son père en approchant d'elle son visage rouge de colère.

Lui se précipita dans la sienne. Il avait envie de tout casser. Il s'était construit seul, il était orphelin, il avait réussi parce qu'il a fait des sacrifices, il avait 10 voulu le meilleur pour sa famille. Et les siens le trahissaient. De qui était-ce la faute ? Il se raccrocha à un nom. Fifi.

– *Maïté Coiffure*, murmura monsieur Feyrières.

Il venait de retrouver le nom du salon de coiffure 15 où Louis avait fait son stage. Il ouvrit sa penderie, fouilla les poches de ses vestons et retrouva le prospectus :

*10% de remise sur présentation de ce bon.*

– Rue de la Cerche…

20 Il irait là-bas, il dirait à cette Fifi de laisser son fils.

– Ah, tu es là ? Je te cherchais…

C'était sa femme. Il mit le prospectus en boule dans le fond de sa poche de pantalon.

25 – Ça ne va pas ?

Madame Feyrières lisait quelque chose d'étrange dans le regard de l'homme en face d'elle.

– On vient de m'appeler… sur mon portable. On a besoin de moi.

30 Madame Feyrières eut un soupir.

---

2 **d'ailleurs** im übrigen – 8 **un orphelin** un enfant dont les parents sont morts – 11 **trahir qn** *ici :* jdn hintergehen – 16 **un veston** Jackett

– Ils ne te laisseront jamais ton samedi.

– Je… j'y vais, bredouilla-t-il.

Rue de la Cerche.

*Maïté Coiffure.* Voilà, c'était là. Un salon de
5 coiffure d'une grande banalité, avec des plantes
vertes et une mezzanine. Monsieur Feyrières fit
tinter le carillon. Il vit une grosse femme trop
maquillée derrière le comptoir.

– Bonjour, monsieur, c'est pour un rendez-vous ?

10 – C'est possible tout de suite ?

Il regarda autour de lui, dégoûté. Il y avait
l'homosexuel de service dans le fond de la boutique,
quelques mémères sous des casques à cheveux.

– Je vous prends votre manteau ? lui demanda
15 une gamine aux yeux sournois.

– S'il vous plaît, répondit aimablement monsieur
Feyrières.

Son cœur avait commencé à battre plus vite.

– Vous êtes… Fifi, je parie ?

20 Elle le dévisagea comme si elle avait affaire à un
crétin de village.

– Nan, dit-elle en pointant le doigt vers le jeune
coiffeur, c'est lui.

Le cœur de monsieur Feyrières s'arrêta. Mais, au
25 même moment, mademoiselle Rapoport demanda
s'il était possible de se faire servir un thé.

– Mais bien sûr, mademoiselle. Louis ! appela la
patronne. Louis !

Le garçon était sur la mezzanine. Il descendit les
30 premières marches et s'immobilisa au milieu de
l'escalier.

---

11 **dégoûté, dégoûtée** angewidert – 13 **une mémère** *fam* une grosse femme d'un
certain âge – 15 **sournois, sournoise** ≠ qui semble cacher qc

– Eh bien, Louis, tu t'occupes du thé ? le pressa madame Maïté.

Le garçon descendit lentement les dernières marches, les yeux dans les yeux de son père.

5  – Maman t'a dit que j'étais là ?

– Non.

Monsieur Feyrières sortit de sa poche un papier froissé en boule et le jeta à la figure de son fils.

– Rentre à la maison.

10  Tout le monde s'était tu. Clara descendit à son tour de la mezzanine. Monsieur Feyrières la dévisagea depuis les talons aiguilles jusqu'aux mèches folles de son chignon, puis se retourna vers madame Maïté :

15  – Vous faites travailler un mineur qui n'a aucun contrat d'apprentissage avec vous. Si mon fils remet les pieds ici, je vous colle un procès.

Dès qu'il fut sorti, chacun se déchaîna. Quelle brute ! Pour qui se prenait-il ? Seule, madame Maïté

20  se taisait.

– Louis ?

– Oui ?

– Ton père ne savait pas que tu étais là ?

– Non.

25  Parce que ni Louis ni sa mère n'avaient eu le courage d'expliquer la situation à monsieur Feyrières, *Maïté Coiffure* se retrouvait dans son tort. Louis se dirigea vers le vestiaire. Garance l'arrêta au passage en posant la main sur sa poitrine :

30  – Tu t'en vas ?

– Oui.

– Mais…

---

10 **se taire** ne plus rien dire – 15 **un mineur** qn qui n'a pas encore 18 ans – 17 **coller un procès à qn** *fam* jdm einen Prozess an den Hals hängen – 18 **se déchaîner** exploser

Sa voix trembla :
– Pour toujours ?
Louis ne répondit pas. Il prit son blouson.
– Au revoir, Louis.
Philippe lui tendit la main.
– Louis ! s'écria Clara.
Elle se précipita sur lui et l'embrassa sur les deux joues. Le garçon s'approcha du comptoir.
– Je reviendrai.
– Ne fais pas de bêtises, Louis. Ta vie, c'est ça le plus important.
– C'est clair.

Dès qu'il fut dans la rue, Louis se mit à courir pour rattraper son père.
Monsieur Feyrières marchait vite. Il n'arrivait pas à mettre de l'ordre dans ses pensées. Donc, le cinéma, c'était ça. Et sa femme le savait. Elle était complice. Depuis combien de temps lui mentait-on ? Et Fifi, c'était qui ? Louis ne pouvait tout de même pas… Monsieur Feyrières était incapable d'aller au bout de ses suppositions.

– Papa !
Il se retourna brusquement.
– Ah, te voilà.
La nuit tombait rue Jeanne-d'Arc.
– Alors, c'est comme ça que tu occupes tes loisirs ?
Les gens rentraient chez eux et jetaient un regard sur ce père et son fils qui gênaient le passage.

27 **les loisirs** *mpl* le temps libre

– Tu vas faire le larbin dans cet endroit minable !
Au lieu de travailler pour toi, pour ton avenir.

Si Louis avait eu les mots, il aurait pu dire à son
père qu'il était bien en train de travailler pour son
avenir. Puisqu'il voulait être coiffeur.

– Tu ne vois pas que ces gens-là t'exploitent ?
Qu'ils te font travailler pour rien ?

Parle, Louis. Dis à ton père que ces gens-là t'ont
accueilli, qu'ils t'ont donné des responsabilités,
qu'ils ont cru en toi, même après que tu leur as
menti.

– Mais tu ne vois pas qui sont ces gens ? Ouvre les
yeux, Louis ! Cette grosse mère maquerelle…

Madame Maïté.

– Ce petit pédé…

Philippe Loisel.

– Cette gamine mal embouchée…

Garance.

– Cette espèce de pute…

Clara.

– Tu ne vas pas me dire que tu as envie de finir
comme ce… ce Fifi, hein ?

Ils étaient l'un en face de l'autre. Louis soutenait
le regard de son père. Allez, parle. C'est maintenant
ou jamais.

– T'es trop con.

– Quoi ? Qu'est-ce que tu as dit ? Tu oserais
répéter ? Tu sais à qui tu parles ?

– Un con.

Le coup partit, pas une claque, mais un coup
pour tuer. L'enfant s'effondra et, tout de suite, les

---

1 **un larbin** *fam péj* Diener – 1 **minable** *fam* erbärmlich – 5 **puisque** da ja – 13 **une mère maquerelle** *fam* Puffmutter – 15 **un pédé** *péj* un pédéraste, un homosexuel – 17 **mal embouché, embouchée** grossier – 19 **une pute** *vulg* une prostituée – 26 **con, conne** *vulg* très bête, stupide – 27 **oser faire qc** avoir le courage de faire qc

passants s'attroupèrent. Monsieur Feyrières se jeta
à genou.

– Louis ! Louis !

Il avait perdu connaissance. Le sang coulait de sa
5  bouche et de son nez.

– C'est lui, il l'a frappé, dit quelqu'un en désignant
monsieur Feyrières.

Il était toujours à genoux.

– Louis, mon petit ! Mais qu'est-ce que j'ai fait ? Je
10  ne voulais pas…

Il chercha dans ses poches.

– Le SAMU. Mon portable. Où je l'ai mis ?

– C'est bon, dit une voix, j'ai appelé les secours.

Monsieur    Feyrières    releva    la    tête    et    vit
15  l'attroupement qui se faisait autour de lui.

– C'est mon fils ! C'est mon fils ! leur cria-t-il.

1 s'attrouper in großer Zahl sich versammeln – 2 se jeter à genou sich auf die Knie
werfen – 4 perdre connaissance bewusstlos werden – 12 le SAMU Rettungsdienst –
13 les secours mpl le SAMU

## 18

## La vie sans Louis

L'ambulance transporta Louis à l'hôpital où travaillait son père. Un premier diagnostic fut fait
5 aux urgences. Traumatisme crânien à cause de la chute, fracture du nez et deux dents cassées, suite au coup de poing. « Un coup d'une rare violence », jugea le médecin urgentiste. Louis reprit conscience au cours des premiers soins.

10 Madame Feyrières fut prévenue par Janson. Mais elle ne comprit pas grand-chose aux explications confuses de l'anesthésiste. Elle se précipita à l'hôpital, confiant Floriane au passage à Bonne-Maman. Elle retrouva son mari dans une salle de
15 repos réservée aux médecins de garde. Quand il vit sa femme, il se leva. Il était livide, il avait vieilli de dix années.

– C'est moi, dit-il sans détour. C'est moi qui l'ai frappé. Je suis un monstre.

20 Sa femme se recula.

– Toi ? Mais comment…

Il lui raconta comment il avait surpris Louis au salon de coiffure. Ce qu'il lui avait dit sur le trottoir.

– Il m'a traité de con. J'ai vu rouge. Ce n'est pas
25 une excuse, Véronique, je le sais. C'est un enfant.

La malheureuse maman pleurait en silence.

– Mais tu ne comprends donc rien ! s'écria-t-elle enfin. Louis avait séché les cours. Il ne voulait plus aller au collège. On avait trouvé cette solution pour
30 le raccrocher. Une espèce de pré-apprentissage.

---

5 **les urgences** *fpl* Notaufnahme – 5 **un traumatisme crânien** Schädeltrauma – 6 **une chute** le fait de tomber – 6 **suite à** à cause de, après avoir reçu – 15 **un médecin de garde** un médecin qui est là même la nuit – 16 **livide** très pâle – 18 **sans détour** ohne Umschweife – 24 **traiter qn de…** *ici :* jdn als … beschimpfen – 30 **raccrocher qn** *ici :* motiver qn de nouveau pour le travail à l'école

C'était une idée du principal. La patronne du salon était d'accord. C'est une femme formidable.

Elle éclata en sanglots :

– … qui a perdu un fils de l'âge de Louis !

5 – Mais… mais comment je pouvais comprendre ? se défendit monsieur Feyrières. Je ne savais rien. Vous ne m'avez rien dit !

– On ne t'a rien dit parce qu'on a peur de toi.

Madame Feyrières se dirigea vers la porte.

10 – J'ai toujours su que tu étais capable de… de ça.

Monsieur Feyrières enfouit le visage dans ses mains. Un monstre. Il faisait peur à sa femme, à ses enfants.

Il rentra chez lui au petit matin. Son appartement
15 était désert. Sa femme était peut-être restée à l'hôpital. Ou elle dormait chez sa mère. Monsieur Feyrières se traîna dans la chambre de ses enfants. Il pleura, la tête sur le bureau de Louis. Puis il s'endormit sur le lit de Floriane, au milieu de ses
20 Barbie.

Quand il s'éveilla, il faisait grand jour. Il se passa la tête sous l'eau dans la salle de bains, puis revint s'effondrer sur le canapé du salon. Lui si énergique, il était incapable de prendre une décision. Devait-il
25 retourner à l'hôpital, attendre sa femme, chercher à la contacter ?

Il eut un sursaut en entendant la clef dans la serrure de l'entrée. Il identifia deux voix qui parlaient bas. Sa femme. Sa petite fille. Il n'osait
30 ni bouger ni appeler. Il avait peur d'elles. Surtout

---

11 **enfouir** *ici* : cacher – 14 **au petit matin** tôt le matin – 28 **une serrure** Schloss

de Floriane. Plus il aimait, plus il avait peur. Et soudain, la petite fille parut dans la porte.

– Pardon, je te demande pardon, lui dit son père.

Elle s'approcha de lui. Avec sa chemise froissée
5 et ses yeux rouges, cet homme ressemblait si peu à son papa.

– Je te fais pas peur, hein ?

Elle s'assit sur ses genoux.

– J'ai réfléchi, dit-elle. Je vais pas faire coiffure.

10 – Tu fais ce que tu veux faire, ma chérie, répondit monsieur Feyrières, la voix soumise.

– Je vais plutôt faire chirurgien. C'est possible pour une fille ?

– Bien sûr.

15 – Je vais faire chirurgien comme toi. Parce que je veux réparer les gens cassés.

– Réparer les gens cassés, répéta monsieur Feyrières.

Et il serra sa fille contre lui, comme Louis faisait
20 de temps en temps.

Monsieur Feyrières fut admis dans la chambre de son fils le lundi après-midi. L'enfant avait le nez plâtré. Il pouvait à peine ouvrir les yeux. Ses lèvres avaient doublé de volume. Il souffrait. Mais,
25 dans sa tête fracturée, l'implacable petite machine continuait de tourner.

Monsieur Feyrières s'assit tout au bord du lit et jeta un regard navré sur son enfant.

– Je voudrais prendre ta place.

30 – Tu peux pas, articula le garçon avec beaucoup de difficulté.

---

11 **soumis, soumise** ≠ rebelle – 23 **plâtré, plâtrée** in Gips – 28 **navré, navrée** schmerzlich berührt

Monsieur Feyrières eut un sourire amer. Il n'arrivait plus à être le père de ses enfants.

– Papa, chuchota Louis.

– Oui ?

Monsieur Feyrières se pencha un peu plus vers son fils.

– Tu peux…

Chaque mot faisait souffrir Louis.

– Je peux ? l'encouragea son père.

– … me… chercher…

Louis ferma les yeux de douleur.

– … une… bonne école…

Il se tut si longuement que son père compléta timidement :

– De coiffure ?

Chez *Maïté Coiffure*, la vie avait repris sans Louis. Un semblant de vie. Philippe était toujours Fifi, gentil, blagueur. Mais il n'avait plus aucun horizon.

– On pourrait peut-être prendre de ses nouvelles ? suggéra-t-il à sa patronne.

– Il ne faut pas lui attirer plus d'ennuis.

Madame Maïté avait décidé de tirer un trait sur Louis. Mais l'enfant avait été la dernière lumière de sa vie. Il ne lui restait plus que le bruit du tiroir-caisse et les soucis de fin de mois. Les clients la trouvaient moins aimable, ces temps-ci. D'ailleurs, mademoiselle Rapoport ne venait plus qu'une fois par semaine pour le coup de peigne.

– C'est plus ce que c'était, confia-t-elle au colonel.

---

1 **amer, amère** bitter – 22 **tirer un trait sur qc** considérer qc comme terminé

Garance arrivait toujours en retard et manquait souvent le vendredi. Madame Maïté pouvait bien la menacer, elle s'en moquait.

– J'ai essayé de le voir, dit-elle un jour à Clara.
5  Mais il est plus chez lui.

Clara haussa les épaules.

– Je sais où il habite, insista Garance. Je connais ses horaires de bahut. Il n'y va plus.

– Ils l'ont peut-être mis en pension, dit Clara d'un
10  ton de réflexion.

Elle-même, depuis qu'elle habitait chez madame Maïté, avait l'impression d'avoir été placée en pension. Il lui fallait se soumettre aux horaires et aux exigences de sa patronne. Elle se sentait très
15  seule le soir dans sa chambre à coucher. Elle pensait au petit Louis quand il serait un homme. Et quel homme ! Elle avait peur, toujours peur. Elle pensait avoir revu Fabe rue de la Cerche. Il était entré dans l'autre maison à côté du salon de coiffure. Pourtant,
20  elle n'en était pas très sûre. Elle n'en avait rien dit à madame Maïté.

Ainsi allait la vie sans Louis. *Maïté Coiffure* avait pris le visage des mauvais jours. Le visage qui fait fuir la clientèle.

---

9 **mettre qn en pension** envoyer qn à l'internat – 14 **une exigence** ce qu'on demande à qn de faire

# 19

## La présence

Clara ne s'était pas trompée. Fabe était bien entré
dans la maison à gauche de *Maïté Coiffure*. Il avait
5 observé les allées et venues et noté le code d'accès.
B426. Un soir, le soir où Clara l'aperçut, il entra
dans la maison, monta au dernier étage et vit que
l'escalier se poursuivait jusqu'au grenier. Il en
examina la porte. Elle ne résisterait pas à un pied-
10 de-biche. Fabe, qui n'était pas un débutant, savait
qu'une fois dans le grenier il pourrait monter sur le
toit, puis passer sur le toit de *Maïté Coiffure*.

Fabe avait un compte à régler avec Clara. Elle
l'avait repoussé. Les copains de sa bande se
15 moquaient de lui. Mais Fabe avait aussi un compte
à régler avec *Maïté Coiffure*. Il n'avait pas oublié
la façon dont on l'avait collectivement bravé. De
plus, il avait appris que Clara avait trouvé refuge
chez la patronne. L'idée de la vengeance l'occupait
20 entièrement.

Ce soir-là, madame Maïté sentit une présence
autour d'elle. Cela lui arrivait quand elle était très
fatiguée ou lasse de vivre. Quelle énergie la tenait
du mardi au samedi derrière son comptoir ? Quand
25 elle n'en pouvait vraiment plus, elle sortait la photo
d'Étienne de son portefeuille. Elle la regardait,
espérant faire remonter des souvenirs heureux.
Mais elle entendait toujours cette voix :

– Je suis désolé, madame.

---

3 **se tromper** ≠ avoir raison – 5 **le code d'accès** le code pour ouvrir la porte d'entrée –
9 **un pied-de-biche** Brechstange – 13 **avoir un compte à régler** eine Rechnung offen
haben – 17 **braver qn** sich mutig jdm entgegenstellen – 18 **un refuge** un endroit où
on est en sécurité – 19 **la vengeance** Rache – 23 **las, lasse de vivre** qui ne veut plus
continuer à vivre

On venait de lui annoncer la mort d'Étienne. Désolé.

Puis Louis était arrivé. Elle n'avait pas remarqué tout de suite sa ressemblance avec Étienne. Ce ne sautait pas aux yeux. Juste cette expression sérieuse qu'ils avaient tous les deux. Des enfants prêts pour la vie plus tôt que d'autres. Ce soir-là, madame Maïté pensait à Louis et sentait Étienne auprès d'elle.

– Vous avez besoin de quelque chose, madame Maïté ?

– Si vous pouviez m'aider à me mettre au lit, Clara ?

Tous les soirs, les mêmes phrases. En réalité, Clara remplaçait Térésa sans être payée. Madame Maïté était consciente de son avarice et, comme elle s'en voulait, par un renversement assez ordinaire des sentiments, elle était désagréable avec Clara.

– Je pensais à Louis, dit-elle en se laissant tomber sur son lit.

– Ah oui ?

– Je croyais qu'il allait apprendre le métier chez nous, et puis qu'un jour il reprendrait le salon !

Elle eut un petit rire.

– À mon âge, hein ? Je suis pourtant bien placée pour savoir que la vie vous réserve rien de bon. Eh bien, non, j'y crois encore !

– C'est ce qui s'appelle être optimiste.

– Oui. Ou idiote. Bonne nuit, Clara.

Étienne était là. Elle le sentait. Elle s'en voulait de n'avoir rien su dire de gentil à cette pauvre rêveuse de Clara. Demain, elle l'augmenterait. Non, plutôt, elle diminuerait son loyer.

---

16 **l'avarice** f Geiz – 17 **s'en vouloir de qc** se reprocher qc – 17 **un renversement** Umkehrung – 32 **augmenter qn** donner plus d'argent à qn pour son travail

Fabe avait choisi ce soir-là pour exécuter sa vengeance. S'il devait un jour passer en jugement, la préméditation lui vaudrait sûrement dix années de plus, car il avait tout prévu, jusqu'au bidon d'essence dans le sac à dos. À une heure du matin, lorsque la dernière lumière se fut éteinte rue de la Cerche, Fabe fit le code. B426. Il monta sans faire de bruit jusqu'au grenier, força la porte et entra, sa lampe-torche allumée. Comme il pensait, il y avait un vasistas. En mettant deux caisses l'une sur l'autre, il put sortir sur le toit. Il rampa jusqu'au toit voisin, où il trouva le même type de vasistas. Il cassa la vitre.

Clara, dans la maison voisine, aurait peut-être entendu le bruit du verre éclaté si elle n'avait dormi comme les pierres, trop fatiguée par sa journée de travail. Madame Maïté ne dormait pas, mais elle était au rez-de-chaussée et n'entendit rien. Elle avait chaud, elle repoussa la couette. Elle eut froid, elle remonta le drap. Étienne était là. Elle songea : « Personne ne peut savoir ce trou que fait un enfant mort. Si les gens savaient, ils ne gâcheraient pas la vie de leur enfant pour des riens. » Madame Maïté pensait à Louis. Demain, elle prendrait de ses nouvelles en téléphonant à la grand-mère. Demain.

Fabe était sorti du grenier. Il était sur la mezzanine. Il volait de petits objets, les ciseaux de Clara, un shampooing colorant, des bricoles pour se vanter auprès des copains. Il descendit l'escalier.

---

2 **passer en jugement** vor Gericht verurteilt werden − 3 **la préméditation** le fait d'avoir préparé son coup en détail − 3 **valoir qc à qn** *ici :* jdm etw einbringen − 5 **un bidon d'essence** Benzinkanister − 9 **une lampe-torche** Taschenlampe − 10 **un vasistas** *ici :* une petite fenêtre dans le toit − 11 **ramper** kriechen − 15 **éclaté** *ici :* cassé − 16 **dormir comme les pierres** wie ein Murmeltier schlafen − 19 **une couette** Bettdecke − 20 **un drap** Bettlaken − 22 **gâcher qc** etw vermiesen − 29 **une bricole** une petite chose pas chère

Madame Maïté dressa soudain l'oreille. Elle avait entendu un bruit étrange au milieu de la nuit. Étrange et connu. Fabe venait de forcer le tiroir-caisse, tching, cling, et n'avait pu éviter le
5 tintement. Mais il se rassura en pensant que le bruit n'avait pu traverser le mur. Le mur, non. Mais la porte ? Fabe savait que, derrière la tenture, il y avait une porte donnant chez madame Maïté. Il sortit le bidon d'essence. Avant de mettre le feu, il
10 chercha quelque butin à emporter. Dans la caisse, il n'y avait que de la petite monnaie. Il vida le bidon d'essence devant la porte. Les aérosols, les parfums, les produits pour les teintures allaient exploser, prendre feu ou dégager des vapeurs toxiques. Enfin
15 il alluma une cigarette et la jeta dans l'essence.
– Clara ?
Madame Maïté appelait. Elle avait l'impression que la jeune femme s'était levée. Elle entendait marcher à pas feutrés. Et soudain, il y eut une
20 détonation. Ça ne venait pas de la rue. Madame Maïté posa la main sur le mur mitoyen. Quelque chose se passait de l'autre côté.
– Clara ! Clara !
Cette grande sotte devait dormir à poings fermés.
25 Madame Maïté ne pouvait compter que sur elle, comme le jour de l'accident. Son mari était mort immédiatement.
Une étagère s'effondra de l'autre côté. Devant le danger, madame Maïté oublia l'infirme qu'elle était
30 devenue. Elle voulut sortir du lit et tomba. Elle se rendit compte alors qu'elle avait agi stupidement. Quand elle était dans son lit, elle avait le téléphone

8 **donner chez qn** ici : aller chez qn – 10 **un butin** l'ensemble de ce qu'on vole –
19 **feutré, feutrée** silencieux – 24 **dormir à poings fermés** dormir comme les pierres –
28 **une étagère** Regal – 29 **un, une infirme** une personne handicapée – 31 **agir** faire qc

à portée de main sur la table de chevet. Elle essaya de se redresser sur le coude droit et se sentit traversée par une douleur intense. Elle s'était cassé quelque chose.

5 De l'autre côté, le feu ronflait, les bombes de laque explosaient. Madame Maïté avait compris. *Maïté Coiffure* serait détruit. Elle n'avait plus de raison de lutter. Elle s'était battue pour ne pas laisser le dernier mot au destin. Mais, là, elle n'en 10 pouvait plus

– Clara, se souvint-elle alors.

Elle, vieille bourrique, elle pouvait bien crever. Mais cette jolie fille qui n'avait commis d'autre crime que d'être trop naïve, n'avait-elle pas le droit 15 de vivre encore ? Madame Maïté arriva à s'accouder. Elle attrapa le fil du téléphone entre ses dents, tira et fit tomber l'appareil à côté d'elle. Elle composa le 18.

1 **à portée de main** près d'elle – 5 **ronfler** *ici :* knacken – 8 **lutter** *ici :* se défendre –
12 **une bourrique** *fam* une personne stupide – 12 **crever** *fam* mourir – 13 **commettre**
faire – 16 **un fil** Leitung

# 20

## Le principe de réalité

Une mauvaise chute. C'était la version officielle.
Mais personne n'était dupe à l'hôpital où travaillait
5  le docteur Feyrières. Dans l'émotion du moment, il
avait crié à qui voulait l'entendre que c'était lui qui
avait frappé son fils. Mais les jours passaient, et le
coup de poing devenait un accident.

Dans les premiers temps de l'hospitalisation de
10  Louis, madame Feyrières avait parlé de divorce.
Le divorce était devenu une chambre en ville pour
réfléchir. Puis une voiture pour être autonome.
Monsieur Feyrières avait vite acheté la voiture.

Il avait aussi eu une discussion avec Louis. C'est-
15  à-dire qu'il avait parlé tout le temps et que Louis
avait dit tantôt oui et tantôt non. Il ressortit de
tout cela que Louis accepterait, une fois revenu
à la maison, de prendre quelques cours de maths
et de français pour se remettre à niveau avant
20  de retourner au collège. De son côté, monsieur
Feyrières allait se mettre à chercher une école
de coiffure, la plus chère possible. Il avait hâte de
réparer sa faute en payant.

Un midi, il déjeuna avec Janson, son collègue
25  anesthésiste.

– Ça va, Louis ? s'informa-t-il. Il se remet de
hmm… sa chute ?

Monsieur Feyrières se troubla à peine.

– Oui, hmm… il rentre demain à la maison.

---

10 **le divorce** la fin du mariage – 26 **se remettre de qc** sich von etw erholen

– C'est embêtant pour sa scolarité, remarqua Janson. Ah, au fait, je voulais te prévenir… Pour l'inscription à Saint-Paterne, il faut s'y prendre très tôt. Les places sont rares, il faut même du piston.
5 Moi, ça va, je connais le directeur. Si tu veux que je dise un mot pour Louis ?

– Il n'ira pas à Saint-Paterne, répondit monsieur Feyrières sur ce ton d'autorité qui était le sien. Je vais lui chercher une très bonne école de coiffure.
10 Janson le regarda avec un sourire incrédule.

– De coiffure ?

– De coiffure.

Ce soir-là, au volant de sa voiture, monsieur Feyrières revit la tête de l'anesthésiste quand il
15 lui avait parlé de sa décision concernant Louis. Il ricana tout seul. Ce pauvre Janson, tout de même, quel abruti… Monsieur Feyrières trouvait alors ridicules tous ceux qui avaient les mêmes préjugés que lui, quinze jours auparavant. Mais Louis se
20 méfiait. Il ne lui parlait pas de *Maïté Coiffure*. Son père gardait de cet endroit un souvenir cauchemardesque. Si Louis devait apprendre la coiffure, ce ne serait sûrement pas dans ce salon, avec ces gens. Monsieur Feyrières rêvait d'une école
25 avec des salles aseptisées, des outils métalliques déposés sur des plateaux, et des professeurs en blouse blanche qui regardent la coupe comme une sorte de chirurgie du cheveu.

Un matin, Janson vint parler à son collègue d'une
30 femme admise aux urgences pour un bras cassé. Rien de sérieux, mais des examens de routine effectués avant l'opération avaient révélé un

---

1 **embêtant, embêtante** *fam* dumm – 3 **s'y prendre** s'occuper de qc – 4 **le piston** *fam* une recommandation par qn pour avoir un avantage – 13 **un volant** Steuer – 18 **un préjugé** Vorurteil – 22 **cauchemardesque** très désagréable (alptraumartig) – 26 **un plateau** Tablett

problème cardiaque bien plus grave. Il y avait urgence à opérer et le docteur Feyrières était tout désigné pour le faire, la chirurgie cardiaque étant sa spécialité.

5   – Quel âge a-t-elle? demanda monsieur Feyrières.

– La cinquantaine. Mais l'autre problème, c'est qu'elle a eu autrefois un accident de voiture et qu'elle est paraplégique.

10   – Elle cumule, dis-moi.

Le docteur Feyrières était un habitué des cas complexes et il ne manifesta pas plus d'émotion. En fin d'après-midi, il passa dans le service où cette femme avait été hospitalisée. On lui avait donné

15   son nom : madame Lombard.

Quand il entra dans la chambre de madame Maïté, il la salua sans la reconnaître. Elle n'était ni maquillée ni coiffée, et son visage avait la blancheur de son oreiller.

20   – Qu'est-ce que vous faites là? dit-elle abruptement.

Monsieur Feyrières, qui était en train de consulter son dossier, haussa les sourcils.

– Pardon ? Mais je suis le docteur Feyrières.

25   – Vous ne me reconnaissez pas ?

– Je devrais ?

– Oh non, vous préférez sûrement m'oublier. *Maïté Coiffure*, ça vous dit quelque chose ?

Monsieur Feyrières poussa un petit cri de

30   surprise. La patronne du salon de coiffure !

– Je regrette… hmm, l'incident de l'autre jour. Et je suis désolé de ce qui vous arrive.

Elle eut un pauvre sourire.

---

1 **cardiaque** concernant le cœur – 3 **être désigné, désignée pour faire qc** *ici :* für etw prädestiniert, geschaffen sein – 9 **paraplégique** paralysé – 10 **cumuler** *ici :* avoir plusieurs maladies ou handicaps en même temps – 19 **un oreiller** Kopfkissen

– *Maïté Coiffure* a brûlé, ça vous désole aussi ?

En quelques mots, elle le mit au courant. Monsieur Feyrières écoutait, de plus en plus gêné. Comment pouvait-il annoncer à cette femme persécutée par le mauvais sort qu'elle risquait une rupture d'anévrisme ? Il répéta encore qu'il était désolé et il sortit sans avoir rien dit.

Sa conscience professionnelle lui en fit reproche. Il aurait dû prévenir la patiente de la gravité de son état et fixer avec elle une date pour l'opérer. Mais plus il y pensait, plus il reculait. Il faudrait trouver un autre chirurgien. Pourquoi pas Petit, celui qui avait opéré Louis ?

Le soir, monsieur Feyrières se retrouva à table avec sa femme et sa fille. Louis prenait encore une alimentation semi-liquide et préférait garder la chambre. Sa maman lui portait un plateau et, pour un peu, elle l'aurait fait manger à la cuillère. Il la repoussait. Tous les soirs, monsieur Feyrières venait passer dix minutes avec son fils. Louis attendait impatiemment ces dix minutes, même si son père l'agaçait.

Monsieur Feyrières s'était bien promis de ne pas parler de madame Maïté à Louis. Mais il se faisait des soucis.

– Tiens, tu ne sais pas qui j'ai vu aujourd'hui ? Madame Lombard.

– C'est qui ?

– Ah, tu ne sais pas ? C'est la patronne de « ton » salon de coiffure.

– Madame Maïté ? Où tu l'as vue ?

– Euh… à l'hôpital.

---

5 **être persécuté, persécutée par qc** von etw verfolgt werden – 5 **le sort** Schicksal –
6 **une rupture d'anévrisme** Riss einer Gefäßwand (Aneurysma) – 16 **une alimentation**
les choses à manger – 18 **une cuillère** Löffel

– Pourquoi à l'hôpital ?

– Elle… euh, elle s'est fait une fracture de l'humérus.

– Comment ?

5 – En tombant, je crois.

– Mais elle est en fauteuil roulant !

– Oui, mais elle est tombée de son lit quand elle a voulu prévenir…

– Prévenir qui ? De quoi ? le bouscula Louis.

10 – Mais à cause de l'incendie. C'est-à-dire que le feu avait pris dans son salon de coiffure…

Monsieur Feyrières détourna les yeux pour ne pas voir le regard terrifié de son fils. Maintenant, il fallait tout dire.

15 – Voilà, conclut monsieur Feyrières en regardant fixement le gel coiffant sur la table de chevet.

– Tu l'opères quand ?

Monsieur Feyrières tressaillit.

– Non, non, c'est Petit qui va s'en charger. Celui 20 qui t'a opéré. Il est très bien.

– Meilleur que toi ?

– Hein ? Je ne sais pas…

– Papa, dit Louis, la voix doucement grondeuse, c'est qui le meilleur ?

25 – Euh… Moi.

Ils restèrent silencieux quelques secondes.

– C'est une responsabilité terrible, Louis. Si je rate ?

Il interrogea son fils du regard.

30 – Si tu rates, je serai triste. Si tu fais rien, je te déteste.

– C'est clair, marmonna son père.

---

3 **l'humérus** *m* [ymeʀys] Oberarmknochen – 10 **un incendie** un feu – 15 **conclure** dire à la fin – 28 **rater qc** *fam* ne pas réussir qc

Mais il n'était pas au bout de ses peines. Il alla lui-même informer madame Maïté et conclut par la phrase fatale :

– Je suis désolé.

5 – Pas moi, répliqua-t-elle. Je n'ai plus envie de vivre. Faisons faire des économies à la Sécu et restons-en là.

Monsieur Feyrières tenta quelques arguments :

– Faites-le pour les gens qui vous aiment.

10 – Personne ne m'aime.

– Faites-le pour Louis !

– Bel effort, docteur Feyrières ! Je vous remercie. Mais c'est non.

Monsieur Feyrières rapporta cette conversation à
15 son fils. C'était un samedi en fin d'après-midi. Louis était resté toute la journée en pyjama. Soudain, il se leva, ôta sa veste et alla prendre un sweat dans sa penderie.

– Qu'est-ce que tu fais ?

20 – J'y vais.

Ça suffisait comme ça, les coups dans la gueule et les coups du sort. Le principe de réalité, Louis avait compris. Mais il n'y avait pas que ça dans la vie.

Quand Louis entra dans la chambre d'hôpital,
25 madame Maïté sortait d'un demi-sommeil.

– Louis ! Qu'est-ce qui t'est arrivé ?

L'enfant avait encore le visage tuméfié d'un boxeur au sortir du ring.

– C'est rien.

30 – Tu peux le dire, Louis, fit la voix du docteur Feyrières derrière lui. Tu peux dire que je t'ai frappé.

---

6 **la Sécu** la Sécurité sociale (Krankenversicherung) – 21 **une gueule** *fam ici* : un visage – 25 **un demi-sommeil** Halbschlaf – 27 **tuméfié, tuméfiée** geschwollen

Louis s'assit sur le lit et se penchant vers madame Maïté, il parla très bas pour que son père n'entende pas :

– J'ai tenu bon. Je vais faire une école de coiffure.

5 – Je suis contente pour toi.

Elle était émue bien plus qu'elle ne s'y attendait.

– Et on va reconstruire *Maïté Coiffure* avec l'argent des assurances.

Le sens pratique de l'enfant, mêlé à sa naïveté, la
10 toucha jusqu'au fond de l'âme.

– Ce sera pas moi, Louis. Je suis fatiguée.

– Si. Vous. La vie, c'est pas que…

Il chercha ses mots. La vie, c'est pas que des coups. C'est des rêves et des désirs, des passions, la
15 vie…

– C'est aussi ce qu'on veut. Et moi, je veux… Papa !

Il appelait son père à l'aide. Monsieur Feyrières s'approcha en toute hâte.

20 – Qu'est-ce qu'il y a ? Ça ne va pas ?

– Tu vas opérer madame Maïté, hein ?

Il se retourna vers elle :

– C'est un très bon chirurgien. Ça peut pas rater. Hein, papa, tu vas réussir ?

25 – Oui, oui, répondit son père, complètement débordé.

Il posa la main sur l'épaule de Louis et s'adressa à la femme.

– Il faut vous battre. Faites-le pour Louis.

30 Puis il ajouta, à bout d'arguments :

– Faites-le pour moi.

Madame Maïté ferma les yeux. Quelle fatigue ! Elle ouvrit les yeux avec un soupir.

---

2 **entende** *subj du verbe entendre* – 4 **tenir bon** durchhalten – 6 **ému, émue** → l'émotion – 9 **le sens pratique** Sinn für das Praktische – 10 **une âme** Seele – 26 **débordé, débordée** überfordert

– J'ai quelque chose à dire à Louis en particulier. Ça ne vous ennuie pas, monsieur Feyrières ?

Il sortit aussitôt, sentant que Louis allait gagner la partie.

5 – Si je m'en sors, Louis, tu viendras finir ton apprentissage chez moi ?

– Oui, madame Maïté. En plus, j'ai pensé à plein d'idées pour faire venir les clients !

Madame Maïté eut une petite grimace :

10 – Dans le genre des 10% ?

La date de l'opération fut fixée au vendredi suivant. Le docteur Feyrières se fit assister par son collègue Janson. Une heure après l'opération, il passa voir sa patiente en salle de réanimation, puis rentra chez 15 lui, où son fils l'attendait.

– Alors ?

– Je pense qu'elle va s'en tirer.

Il avait eu très peur. Mais madame Maïté avait tenu le choc.

20 – T'es le meilleur.

Satané Louis. Monsieur Feyrières eut le sentiment de n'avoir jamais reçu de plus beau compliment. C'est le pouvoir de ceux qui parlent peu.

Ce soir-là, pour la première fois de sa vie, monsieur 25 Feyrières but du whisky jusqu'à être un peu gris. Il desserra sa cravate à table et se mit à rire de tout.

---

14 **une salle de réanimation** Aufwachraum – 21 **satané, satanée** verdammte(r) – 23 **le pouvoir** ici : l'autorité – 25 **gris, grise** ici : betrunken

# 21

## Le mot de la fin

Madame Maïté se rétablit. Comme elle avait de l'argent de côté, elle put, sans attendre l'argent des assurances, faire reconstruire le nouveau salon. La réouverture eut lieu huit mois plus tard.

Clara préféra quitter Orléans et se chercher un nouvel emploi à Paris. Elle savait qu'elle était indirectement responsable de l'incendie. Quant à Fabe, plus personne n'entendit parler de lui et les enquêteurs ne retrouvèrent pas sa trace. Sans doute avait-il pris conscience de la gravité de ce qu'il avait fait et il disparut de la région.

Garance n'attendit même pas la fin de l'année scolaire pour abandonner la coiffure. Madame Maïté apprit qu'elle s'était mise en ménage avec l'amateur de vodka au fond de la banlieue orléanaise.

Philippe trouva facilement à s'employer chez Dessange, rue de la République, mais, tout en recoiffant le moral des clientes, il perdit le sien.

Quant à Louis, il rata magnifiquement son brevet. Oubliant ses promesses, son père parla de le faire redoubler et alla voir le principal du collège.

– Tous les enfants ne sont pas sur le même modèle, lui dit celui-ci. Les intelligences sont diverses, sociale, manuelle, artistique.

Monsieur Feyrières était encore hésitant.

– Vous ne croyez pas que Louis regrettera dans quelques années ? C'est encore un gamin.

---

3 **se rétablir** se remettre – 6 **avoir lieu** se passer – 11 **un enquêteur** une personne de la police qui fait des recherches – 11 **une trace** Spur – 16 **se mettre en ménage avec qn** vivre ensemble avec qn – 20 **Dessange** un salon de coiffure de luxe, actuellement avec plus de 500 salons dans le monde entier – 21 **recoiffer le moral** Wortspiel mit einer neuen Frisur die positive Einstellung, die Laune heben

– Vous le dites, mais vous ne le pensez pas. Louis est beaucoup plus mûr que les jeunes de son âge. Il a hâte d'entrer dans la vie active.

L'opinion du principal consola monsieur Feyrières. Il inscrivit Louis dans une école Pigier.

Les professeurs s'aperçurent tout de suite que Louis n'avait pas grand-chose à apprendre et lui firent passer le CAP en deux années. Il avait quelques lacunes dans les matières générales, mais il aurait pu donner des leçons de coupe à ses professeurs. Le mercredi et le samedi, dès que le salon de madame Maïté fut reconstruit, Louis en reprit le chemin.

Puis un jour, il alla voir Fifi chez Dessange et lui proposa de retourner chez *Maïté Coiffure*. Le jeune coiffeur commença par refuser. Il était mieux payé où il était et *Maïté Coiffure* était mort pour lui. Mais Louis lui parla d'avenir. Il avait des projets un peu fous et Fifi était un peu fou. Il revint chez *Maïté Coiffure*. La patronne était fatiguée, elle confia la gérance du salon à Philippe, mais continua à tenir la comptabilité.

Louis ne tenta même pas le brevet professionnel. Il fut repéré pour sa jeunesse et son talent au cours d'un concours de coiffure organisé par les produits L'Oréal et put finir sa formation chez Jean-Claude Biguine.

Monsieur Feyrières fut désolé de le voir abandonner si jeune toute idée d'études. Louis travailla dans plusieurs salons, coiffa des actrices sur des lieux de tournage, des mannequins pour

---

2 **mûr, mûre** *ici* : adulte – 5 **les écoles Pigier** *sehr renommierte private gewerbliche Schulen besonders in den Bereichen Schönheit, Kosmetik, Friseurhandwerk mit anspruchsvollen Ausbildungsgängen* – 9 **une lacune** *un manque de connaissances* – 21 **la gérance** *Geschäftsführung* – 24 **repérer qn** *découvrir qn* – 27 **Jean-Claude Biguine** *mondialement connu pour la coiffure, l'esthétique, la manucure, des produits de beauté*

des défilés de haute couture. Mais, dans sa tête, l'implacable petite machine continuait de tourner.

Dix ans après leur première explication sur un trottoir, Louis et son père en eurent une seconde.
5 À la fin de la conversation, monsieur Feyrières signa un chèque. Un gros chèque. Louis alla ensuite voir Philippe Loisel. Le coiffeur était seul responsable de *Maïté Coiffure*, la patronne étant alors dans une maison de retraite médicalisée. Philippe avait
10 quelques économies, grâce à un petit héritage. Il s'associa avec Louis et tous deux rachetèrent le salon à madame Maïté qui ne leur fit pas vraiment un prix d'amie. Ils modernisèrent la décoration, mais Louis garda le carillon.
15 Le jeune homme avait son idée. Un nouveau concept de salon. Il n'avait pas oublié l'enfant qui avait posé la main sur la porte de *Maïté Coiffure*, un lundi de fermeture. *Maïté Coiffure* devint donc le premier salon qui ne ferme jamais, ni de jour ni de
20 nuit. On en parla dans *La République du Centre*. Un journaliste de la presse économique ne prédit pas plus d'un an de vie à cette loufoquerie. Et pourtant, au bout d'une année, tout le monde avait trouvé sa place chez *Maïté Coiffure* et voulait bien la garder.
25 Il y avait un espace-enfants avec des jouets et des albums, un coin ados sur la mezzanine avec des jeux vidéo et des DVD, un petit salon avec des fauteuils pour prendre le thé ou le café. À la sortie des spectacles, les noctambules venaient se rincer
30 la tête et les idées. Au petit matin, les insomniaques se faisaient raser. Mademoiselle Rapoport passait

---

9 **une maison de retraite médicalisée** une maison pour les vieilles gens où il y a aussi des médecins pour les soigner – 10 **les économies** *fpl* Ersparnisse – 21 **prédire qc** dire qc avant qu'une chose se passe – 25 **un espace-enfants** un endroit pour les enfants – 26 **un album** Comic – 29 **un noctambule** une personne qui aime sortir tard la nuit – 30 **un insomniaque** une personne qui ne peut pas dormir

tous les jours pour le coup de peigne, et à la nuit tombée, rien que pour l'ambiance.

Louis allait régulièrement voir Bonne-Maman. Parfois, il sortait de sa poche une paire de ciseaux
5 et lui rafraîchissait sa coupe. Un jour, il lui déclara avec sa brusquerie de timide :
– Il me faudrait de l'argent.
– Pour ?
– Agrandir le salon.
10 Elle lui accorda une avance sur son héritage. Cet argent lui permit de racheter la maison de madame Maïté. Il voulait la transformer en salon d'esthétique, avec des soins en cabine et des UV. La petite machine continuait de tourner dans sa tête.
15 Un matin d'avril, Louis prit sa voiture et alla à la Source, dans la banlieue orléanaise. Il se gara au bas d'une HLM assez miteuse. Garance Cyprien 8e étage. Les informations de madame Maïté étaient toujours exactes. Louis sonna et la porte s'ouvrit sur
20 une jeune femme assez jolie, mais de très mauvaise humeur.
– C'est quoi ?
Louis n'eut pas le temps de se présenter.
– C'est pas la peine de me vendre une
25 encyclopédie en vingt-quatre volumes, je sais pas lire.
C'était bien la même Garance.
– Louis Feyrières, dit-il.
– Hein ?
30 – Vous ne vous souvenez pas du petit Louis ? fit le jeune homme, assez déçu.

---

10 **une avance** de l'argent qu'on reçoit avant le temps – 13 **des UV** *mpl ici* : Solarium –
16 **se garer** mettre sa voiture – 17 **une HLM** une habitation à loyer modéré, une maison avec des appartements dont le loyer n'est pas très élevé – 17 **miteux, miteuse** ≠ chic

– Putain !

Elle le laissa entrer et le regarda de la tête aux pieds.

– T'étais mignon, mais, là, t'es carrément beau mec.

Louis rougit et détourna le regard comme s'il avait encore quatorze ans. À ce moment-là, des pleurs de bébé éclatèrent dans la pièce voisine. Garance leva les yeux au ciel.

– J'ai un chiard.

– Ah ? Et votre mari…

– Arrête de me dire « vous », protesta Garance. Je suis pas mariée.

Elle s'approcha de Louis et lui passa les bras autour du cou. L'enfant hurlait.

– Je crois qu'il faudrait aller chercher le petit.

Elle disparut un instant et revint avec un bébé de quelques mois.

– C'est un garçon ? Comment s'appelle-t-il ?

Il y eut un silence.

– Louis.

Et tandis que le petit pleurait, Garance raconta ce qu'avait été sa vie, ces dernières années. Elle avait fait une école d'esthéticienne et avait exercé son métier jusqu'au septième mois de sa grossesse. Puis l'amateur de vodka l'avait plantée parce que le bébé l'empêchait d'entendre les résultats des matches. Depuis, Garance vivait d'allocations.

– J'ai une proposition à te faire.

Louis avait besoin d'une esthéticienne pour son salon. Garance accepta ce poste de « conseillère-beauté » et engagea une nourrice pour garder bébé

---

1 **putain** *vulg* verdammt – 10 **un chiard** *vulg* un enfant – 25 **une grossesse** Schwangerschaft – 26 **planter qn** *fam* quitter qn brusquement – 28 **une allocation** une aide de l'État – 32 **une nourrice** une femme qui est payée pour garder des enfants

Louis. Garance alla beaucoup mieux et bébé Louis aussi.

À la même époque, *Maïté Coiffure* perdit son nom et fut rebaptisé *Louis and Fifi*. Et la petite machine
5  tournait toujours…

Un jour de juin, Louis partit à pied à travers le treizième arrondissement. Quand il fut devant *Coiff'hair*, il resta un moment à regarder à travers la vitrine. Il la repéra qui était en train de faire
10  un shampooing. Avait-elle beaucoup changé ? Toujours juchée sur ses talons aiguilles, toujours blonde… Il entra.

– Bonjour, monsieur, dit Clara, vous voulez un rendez-vous ?
15  – Non.

– Je ne vais pas pouvoir vous prendre tout de suite. Si vous voulez attendre ?

– Non.

Dans ses yeux, il lut la peur. Que lui voulait cet
20  homme ?

– Vous ne me reconnaissez pas ?

Elle se força à le dévisager.

– Louis !

Elle fut bouleversée. Le petit Louis était devenu
25  l'homme dont elle avait rêvé.

– Oh, Louis…

Elle oublia où elle était, qui elle était. Louis n'eut que le temps d'ouvrir les bras pour qu'elle s'y réfugie. Mais, très vite, elle se recula et s'essuya les
30  yeux.

– Excusez-moi, c'est… c'est venu comme ça.

---

4 **rebaptiser qc** donner un autre nom à qc – 7 **le treizième arrondissement** *à Paris*

– Je vous ai fait rechercher, avoua-t-il. Par un détective…

Elle était de plus en plus stupéfaite.

– Vous êtes heureuse ?

5 Sa blondeur s'était fanée. Ses rêves avaient pris la poussière.

– J'ai besoin de vous, lui dit Louis.

Il ouvrait un salon dans le Marais, *Louis and Fifi* de Paris. Il lui en confia la direction. N'était-ce pas

10 ce qu'il lui avait promis, un jour, sur la mezzanine ?

La petite machine allait-elle s'arrêter de tourner dans la tête de Louis ? *Louis and Fifi* se développa à travers toute la France jusqu'à faire un réseau de quatre cent cinquante salons. Puis Louis créa une

15 gamme de produits pour les cheveux, la gamme Louis Feyrières, avec toute une ligne masculine dont le slogan fut, à la demande de Fifi : « Pour les hommes, les vrais. »

Monsieur Feyrières est très fier de sa fille. Floriane

20 est en train de terminer ses études de médecine par une spécialisation en chirurgie esthétique. Mais, quand on lui parle de son fils, monsieur Feyrières en crève de vanité.

– J'ai toujours cru en ce gamin, dit-il. Déjà,

25 à quatorze ans, il avait une personnalité impressionnante.

Louis ne contredit pas son père. Mais il sait ce qu'il doit à chacun. Monsieur le principal du collège Charles-Péguy, alors à la retraite, peut venir quand

---

1 **avouer qc** admettre qc – 5 **se faner** *ici :* den Glanz verlieren – 6 **prendre la poussière** Staub ansetzen – 13 **un réseau** Netz – 15 **une gamme** *fig* une série – 23 **crever de qc** vor etw platzen – 23 **la vanité** Eitelkeit – 27 **contredire qn** dire qu'on est d'un autre avis que qn

il veut chez *Louis and Fifi*. Il n'a pas besoin de carte de fidélité pour que ce soit gratuit.

Louis n'a pas épousé Garance. Il n'a pas épousé Clara. Il est tombé amoureux d'un carré déstructuré
5 avec un balayage miel sur une base plus foncée. Agnès. Une jeune femme brillante et cultivée, professeur d'université. Comme dit Louis en souriant :
   – Elle parle pour deux.

---

2 **soit** *subj du verbe être* – 3 **épouser qn** se marier avec qn – 6 **cultivé, cultivée** gebildet

# Votre compte rendu de lecture

Falls ihr z. B. einen Roman völlig selbständig lesen wollt (was ja durchaus mal vorkommen kann), dann könnt ihr als kleine Merkhilfe ein Leseprotokoll *(un compte rendu de lecture)* führen, damit ihr nach Unterbrechungen schnell den Wiedereinstieg findet.

In das Leseprotokoll (Beispiel siehe S. 164) könnt ihr die wichtigsten Informationen eintragen, die ihr bei der Lektüre gewinnt. Ferner könnt ihr darin auch eure Meinung zu wichtigen Vorkommnissen äußern usw.

Das Wichtigste: Das Leseprotokoll sollte eine freiwillige Angelegenheit und nur eine Hilfe für eure persönliche Lektüre sein. Und außerdem: Die Leseprotokolle können auch hilfreich sein, wenn ihr irgendwann einmal eine „Erinnerung" an ein früher gelesenes Buch sucht.

Aujourd'hui, . . . . . . . . . . . . . . . . . . . . . . . . . . . . . .,

j'ai lu le(s) chapitre(s) : . . . . . . . . . . . . . . . . . . . .

de la page . . . . . . . . . . à la page . . . . . . . . . . . .

Ce que j'ai appris sur :

les personnages : . . . . . . . . . . . . . . . . . . . . . . . . . .

. . . . . . . . . . . . . . . . . . . . . . . . . . . . . . . . . . . . . . . .

leur situation : . . . . . . . . . . . . . . . . . . . . . . . . . . . .

. . . . . . . . . . . . . . . . . . . . . . . . . . . . . . . . . . . . . . . .

le déroulement de l'action : . . . . . . . . . . . . . . . . . .

. . . . . . . . . . . . . . . . . . . . . . . . . . . . . . . . . . . . . . . .

D'autres informations importantes : . . . . . . . . . . .

. . . . . . . . . . . . . . . . . . . . . . . . . . . . . . . . . . . . . . . .

Ce qui m'a plu : . . . . . . . . . . . . . . . . . . . . . . . . . . .

. . . . . . . . . . . . . . . . . . . . . . . . . . . . . . . . . . . . . . . .

Ce qui ne m'a pas plu : . . . . . . . . . . . . . . . . . . . . .

. . . . . . . . . . . . . . . . . . . . . . . . . . . . . . . . . . . . . . . .

Les mots les plus importants : . . . . . . . . . . . . . . .

. . . . . . . . . . . . . . . . . . . . . . . . . . . . . . . . . . . . . . . .

Les difficultés que j'ai rencontrées : . . . . . . . . . . .

. . . . . . . . . . . . . . . . . . . . . . . . . . . . . . . . . . . . . . . .

# Pendant la lecture

### Chapitre 1

1. Relevez tous les passages qui montrent ce que M. Feyrières pense du stage que Louis doit effectuer.
2. Est-ce que Louis est enthousiaste à propos d'un stage en général ? Et que pense-t-il d'un stage chez *Maïté coiffure* en particulier ? Justifiez votre réponse.
3. Quelles sont ses premières impressions du salon ?

### Chapitre 2

1. Comment est-ce que Louis se prépare à la première journée chez *Maïté coiffure* ?
2. Parlez des expériences qu'il fait au cours de cette journée.
3. Quelle impression avez-vous de Madame Maïté, de ses employés et de son apprentie ?

### Chapitre 3

1. Quelles sont les conséquences de son arrivée tardive au salon le lendemain ?
2. Pourquoi est-ce que Louis s'attire la colère de Garance ?
3. Quelle est l'importance du coup de téléphone que Clara reçoit ?
4. Ludovic arrive au salon. Pourquoi ? Comment la rencontre avec Louis se passe-t-elle ?

## Chapitre 4

1. Résumez la situation pénible dans laquelle Clara se trouve.
2. Comment est-ce que Fifi réussit à « sauver » une situation qui aurait pu être assez embarrassante ?
3. Relevez tous les passages qui montrent que Louis s'intéresse de plus en plus à la coiffure.
4. Pourquoi est-ce que Louis reste jusqu'à la fermeture du salon ?

## Chapitre 5

1. La mariée et sa belle-mère – est-ce que cette scène vous a fait rire ? Résumez et commentez.
2. Qu'est-ce qui se passe vers la fin de l'après-midi ?

## Chapitre 6

1. Assister au défilé de mode – pour Louis une autre expérience extraordinaire et cela pour plusieurs raisons. Expliquez.
2. Pourquoi est-ce que sa mère l'attend au salon quand Louis rentre ?

## Chapitre 7

1. Comment voyez-vous les relations entre Madame Maïté et Louis au début de ce chapitre ?
2. De quoi Louis et sa grand-mère parlent-ils au cours de la visite de celle-ci ?
3. Résumez comment la fin du stage se déroule.
4. Pourquoi l'ambiance à la maison le même soir n'est-elle pas très bonne ?

## Chapitre 8

1. Quelle idée Louis a-t-il pour pouvoir aller secrètement chez *Maïté coiffure* au lieu d'aller au tennis ? Est-ce une bonne idée ?
2. Quelle est l'intention de Mme Feyrières quand elle va chez *Maïté coiffure* ?
3. Comment est-ce que M. Feyrières réagit à la nouvelle coiffure de sa femme ?

## Chapitre 9

1. Comment se passe la soirée chez les Janson ? Donnez autant de détails que possible. Est-ce que c'était à prévoir ? Pourquoi (pas) ?
2. Décrivez les réactions de M. Feyrières quand il apprend par sa femme que Louis a une petite copine. Tenez aussi compte de la fin du chapitre.
3. Pourquoi est-ce qu'il se dispute avec sa femme ?

## Chapitre 10

1. Pour aider Mme Maïté, Louis a encore une autre idée. Laquelle ?
2. Parlez des clients qui se présentent au salon ce mercredi.
3. Quelle est la situation au collège pour Louis ?

## Chapitre 11

1. Sous quel prétexte est-ce que Louis retourne chez *Maïté coiffure* mardi ?
2. Comment est-ce qu'on y essaie de l'aider à continuer ses études scolaires ? Avec quel succès ?

3. Comment se fait-il que Louis sorte de chez *Maïté coiffure* les cheveux colorés ? Quels ennuis est-ce que cela lui attire ?

## Chapitre 12

1. Quelle surprise se prépare chez *Maïté coiffure* vendredi ?
2. Pourquoi Mme Maïté n'est-elle pas trop vexée contre Louis ?
3. Quel arrangement est-ce que Clara trouve pour ses problèmes ?

## Chapitre 13

1. Pourquoi la situation devient-elle de plus en plus difficile pour Louis ?
2. Qu'est-ce qui lui arrive en zonant ?
3. Comment est-ce que Louis aggrave sa situation de plus en plus ?

## Chapitre 14

1. Résumez la rencontre de Clara avec son ex-copain.
2. De quelle façon Garance intervient-elle à propos de Louis ?
3. Comment est-ce qu'on réagit chez *Maïté coiffure* quand on apprend la vérité ? Qu'est-ce qu'on décide de faire ?

## Chapitre 15

1. Comment se passe le premier jour de Louis quand il va de nouveau au collège ?
2. De quelle façon est-ce que le principal soutient Louis ?
3. L'arrangement qui vient d'être trouvé pour Louis est tout de suite mis en danger. Pourquoi ?
4. Selon M. Feyrières, quelle serait la carrière scolaire de Louis ?

## Chapitre 16

1. Pourquoi Garance est-elle jalouse de Louis ?
2. Comment se comporte-t-elle avec lui ?
3. Parlez des rêves de Louis.
4. Comment se développe sa relation avec Mme Maïté ?
5. Quel rôle la grand-mère joue-t-elle dans la vie de Louis ? Résumez ce que vous avez appris jusqu'ici en tenant aussi compte des chapitres précédents.

## Chapitre 17

1. Quelle découverte est-ce que M. Feyrières fait un jour ? Comment réagit-il à cela ?
2. Comment se déroule l'explication avec son fils ?

## Chapitre 18

1. Quelles conséquences l'acte brutal de M. Feyrières a-t-il sur sa famille ? Comment le voit-il lui-même ?
2. Qu'est-ce qui change chez *Maïté coiffure* quand Louis n'y va plus ?

## Chapitre 19

L'ex-copain de Clara veut se venger. Résumez ce qui se passe.

## Chapitre 20

1. À part son bras cassé, l'état de santé de Mme Maïté n'est pas bon du tout. Quelle complication rend une opération difficile ?
2. Comment Louis arrive à ce que son père tente lui-même l'opération ?
3. Comment Mme Maïté voit-elle sa situation ? Pourquoi change-t-elle d'avis ?

## Chapitre 21

1. Parlez de la carrière de Louis.
2. Quel rôle les autres personnages jouent-ils dans sa vie d'adulte ?

# Le passé simple

In *Maïté Coiffure* verwendet die Autorin eine Zeit der Vergangenheit, die ihr möglicherweise noch nicht kennt. Es handelt sich um das *passé simple*, das fast nur in der geschriebenen Sprache vorkommt und die gleiche Funktion wie das *passé composé* hat.

Da in dieser Lektüre nur die gebräuchlichsten Formen vorkommen, nämlich die 3. Person Singular und die 3. Person Plural, sind nur diese in den folgenden Übersichten aufgenommen.

## 1 Regelmäßige Verben auf *-er*, *-ir* und *-re*

Die Endungen werden an den Stamm des Infinitivs angehängt.

|             | REGARD-**ER**       | SORT-**IR**       | RÉPOND-**RE**       |
| ----------- | ------------------- | ----------------- | ------------------- |
| il/elle/on  | regard-**a**        | sort-**it**       | répond-**it**       |
| ils/elles   | regard-**èrent**    | sort-**irent**    | répond-**irent**    |

## 2 Unregelmäßige Verben

Einige der unregelmäßigen Verben bilden das *passé simple* in der 3. Person Singular/Plural auf *-it, -irent*, andere auf *-ut, -urent*, wobei die Ableitung nicht immer vom Stamm des Infinitifs erfolgt. Daneben gibt es weitere Unregelmäßigkeiten, so dass hier die im Text vorkommenden Verben zusammengestellt sind.

Sollten diese Verben auch mit eine Vorsilbe vorkommen (z. B. *mettre – promettre, paraître – apparaître, venir – se souvenir*), so bleibt die Bildung des *passé simple* gleich.

| INFINITIV | 3. PERS. SINGULAR il/elle... | 3. PERS. PLURAL ils/elles... |
|---|---|---|
| avoir | eut | eurent |
| être | fut | furent |
| apercevoir | aperçut | aperçurent |
| croire | crut | crurent |
| devoir | dut | durent |
| dire | dit | dirent |
| faire | fit | firent |
| mettre | mit | mirent |
| (ap)paraître | (ap)parut | (ap)parurent |
| pouvoir | put | purent |
| prendre | prit | prirent |
| s'asseoir | s'assit | s'assirent |
| savoir | sut | surent |
| sourire | sourit | sourirent |
| tenir | tint | tinrent |
| venir | vint | vinrent |
| vivre | vécut | vécurent |
| voir | vit | virent |
| vouloir | voulut | voulurent |

# Le gérondif

In dem Roman kommt eine weitere Verbform vor, die im Unterricht wahrscheinlich noch nicht behandelt worden ist: das Gerundium *(le gérondif)*, eine Verbform, die es im Deutschen nicht gibt. Ihr sollt diese Form noch nicht aktiv beherrschen. Damit ihr sie im Text aber erkennt und versteht, findet ihr hier eine kurze Einführung.

## 1 Bildung des *gérondif*

Man nimmt die erste Person Plural Präsens, ersetzt die Endung *-ons* durch **-ant** und setzt die Präposition **en** davor.

Beispiele:

| regarder | finir | attendre |
|---|---|---|
| nous regard-ons | nous finiss-ons | nous attend-ons |
| **en** regard-**ant** | **en** finiss-**ant** | **en** attend-**ant** |

Es gibt nur drei Ausnahmen:
ÊTRE (en étant),
AVOIR (en ayant) et
SAVOIR (en sachant)

Das *gérondif* ist unveränderlich.

## 2 Gebrauch des *gérondif*

1 *Elle parlait à une cliente **en lui posant** une main sur le bras.* (p. 22, l. 25)
> (= Elle parlait à une cliente *et en même temps* elle lui posait une main sur le bras.)
> Sie sprach mit einer Kundin und legte ihr <u>dabei</u> die Hand auf den Arm.

→ Das Gérondif drückt aus, dass zwei Ereignisse gleichzeitig ablaufen. Im Deutschen wird das oft mit dem Partizip wiedergegeben. Bei zwei mit „und" verbundenen Sätzen verstärkt das Wort „dabei" die Gleichzeitigkeit. Als Übersetzung kommt auch „während" in Frage.

2 *Mais il ne fallait pas, madame Meynier ! protesta la patronne **en l'apercevant**.* (p. 51, l. 10)
   (= protesta la patronne *au moment où* elle l'aperçut.)
   … Aber das war doch nicht nötig, Madame Meynier, protestierte die Chefin, als sie sie sah.

   ***En passant** devant la vitrine, Louis ralentit le pas.* (p. 21, l. 7)
   (= *Quand* Louis passait devant la vitrine, il ralentit le pas.)
   Als Louis am Schaufenster vorbeiging, verlangsamte er den Schritt.

   → Auch hier wird die Gleichzeitigkeit betont durch „als" oder „in dem Augenblick, als".

3 *… dit Fifi **en riant**.* (p. 41, l. 18)
   (= …dit Fifi *et* ria.) … sagte Fifi <u>lachend</u>.

   *Elle prendrait de ses nouvelles **en téléphonant** à sa grand-mère.* (p. 143, l. 25)
   (= Elle prendrait de ses nouvelles. *Pour cela*, elle téléphonerait à sa grand-mère.)
   Sie würde sich nach ihm erkundigen, <u>indem</u> sie seine Großmutter anrief

→ Hier gibt das *gérondif* Antwort auf die Frage, wie/auf welche Weise etwas geschieht. Im Deutschen kann das manchmal mit dem Partizip übersetzt werden, aber auch durch die Konjunktion „indem". Achtung: Wenn ihr einen deutschen Satz mit „indem" ins Französische übersetzen wollt, ist das nur mit dem *gérondif* möglich! Es gibt keine entsprechende Konjunktion.

4  *Il n'avait pas encore la carrure de son père. Mais en laissant du flou ?* (p. 27, l. 14)
   (= … *s'il laissait…?*)

→ Hier gibt das *gérondif* eine Bedingung an.

Mit dem *gérondif* kann man Sätze verkürzen.

**Wichtig:** Es kann aber nur dann verwendet werden, wenn in Haupt- und Nebensatz *dasselbe Subjekt* steht bzw. gemeint ist.

# Liste des abréviations

| | |
|---|---|
| ≠ | antonyme de |
| → | mot de la même famille |
| ° | h aspiré (pas de liaison : *le / la* devant un substantif, *je* devant un verbe) |
| ['] | h aspiré (pas de liaison : *le / la* devant un substantif, *je* devant un verbe) |
| *arg* | argot |
| *cond* | conditionnel |
| etw | etwas |
| *f* | féminin |
| *fam* | familier |
| *fig* | figuré |
| *fpl* | féminin pluriel |
| *inv* | invariable |
| *iron* | ironique |
| jdm | jemandem |
| jdn | jemanden |
| *litt* | littéraire |
| *m* | masculin |
| *mpl* | masculin pluriel |
| *péj* | péjoratif |
| *pop* | populaire |
| qc | quelque chose |
| qn | quelqu'un |
| *subj* | subjonctif |
| *verlan* | argot, langage qui inverse les syllabes |
| *vulg* | vulgaire |